给电视复兴一个说法

电视大片的真相

解码《中国好声音》&《中国达人秀》

史学东 著

中国出版集团 東方出版中心

图书在版编目（CIP）数据

电视大片的真相—解码《中国好声音》&《中国达人秀》/
史学东著. -- 上海:东方出版中心，2013.8
ISBN 978-7-5473-0605-5
Ⅰ. ①电… Ⅱ. ①史… Ⅲ. ①电视节目—研究—中国
Ⅳ. ① G222.3
中国版本图书馆 CIP 数据核字(2013)第 163783 号

电视大片的真相
——解码《中国好声音》&《中国达人秀》

出版发行：东方出版中心
地　　址：上海市仙霞路 345 号
电　　话：021-62417400
邮政编码：200336
经　　销：全国新华书店
印　　刷：上海书刊印刷有限公司
开　　本：720x1020 毫米　1/16
字　　数：237 千
印　　张：15.5
插　　页：2
版　　次：2013 年 8 月第 1 版第 1 次印刷
ISBN　978-7-5473-0605-5
定　　价：39.00 元

东方出版中心邮购部　电话:52069798

时代的细节（代序）

写序靠自己，要么很牛，要么不拽。我是后者。我说的是出书界。

工作中认识两种人，做电视的“民工”和不看电视的“精英”，他们和电视都无话可说；生活中认识很多人，看电视，说电视，彻夜不眠地睡电视……

电视来了，有人说，电影坏了。网络来了，有人说，电视坏了。他们是精英。

但是2013年的中国，电视、电影、网络都还不坏。

娱乐来了，有人说，精神坏了。模式来了，有人说，原创坏了。他们是诸子百家。

电视大片来了，裹挟着近百亿的资金报到，集体爆发，莫衷一是。当音乐影视大腕现身电视综艺，当百姓草根能人扎堆选秀舞台，梦想和欲望，剪不断，理还乱；真相与秀场，别有一番滋味在心头。

放狠话，煽悲情，显身手……真人秀大牌的标志，不是会说大道理，而是开始去理解对面的小人物。

买模式，注巨资，博收视……电视大片的要义，不是攀比行头，而是真诚地去传播时代的细节。

有哭有笑，有失望，有期待，还有什么比电视真人秀更直接地演示人生的真相？放大了的、剪辑过的、拷问过的、一种可以回放的真相？荧屏所塑造的真相，到底是渔夫打开瓶子的魔鬼，还是一张可以透支的空白支票？

空调在室内滴水，我在遥控器身边熬夜，这个夏天，有电视不凡。欢迎参加《电视大片的真相》解密。手艺不精，文句太绕；理论实践，啥都写到；八卦起底，自有一套；台前幕后，试着周到。

感谢爸妈。感谢毛时安先生，钱文忠先生；感谢田明先生、金磊先生、蔺志强先生；感谢十多年来共事的电视团队和友人。因为懂得，才在一起。

史学东

2013年7月15日

BRITAIN'S
the Voice of China
中国好声音
中国达人秀

目 录
Contents

第一章
真人秀大战

《超级女声》《非诚勿扰》《中国梦想秀》《中国达人秀》
《中国好声音》《我是歌手》《舞林争霸》程雷 华少 何炅

第二章

真人秀的真相

刘欢 徐海星 黄勇 袁娅维 张玮 张玉霞
王乃恩 梁博 吴莫愁

第三章

电视的思维

苏珊大妈 西蒙 周立波 伊能静 黄舒骏 菜花甜妈
吉克隽逸 李代沫 郑虹 邹宏宇 周礼虎 多亮 王韵壹 金池

第四章

巅峰时代

崔永元 刘欢 那英 哈林 杨坤
章子怡 罗大佑 韩红 李玟 黄晓明

电视大片的真相

第一章

真人秀大战

音乐很累，椅子很忙，电视在赛跑。
椅子，成为中国综艺电视艰难转身的
最为复杂而单纯的意象。

《超级女声》
《非诚勿扰》
《中国梦想秀》
《中国达人秀》
《中国好声音》
《我是歌手》
《舞林争霸》
《中国最强音》
《中国梦之声》

1 引进 PK 本土

中国综艺电视的各方团队，
如同挤在一间透明的教室里测验，
每交出一份卷子，
彼此都打过小抄。

A 电视大片来了

2013 年 6 月的最后一天，上海市郊的宝山体育中心，“舞出我人生”字样的巨幅 KT 板正被第二季“中国好声音”取代。四把红色转椅安装到位，一尘不染地等待它们的主人驾到。7 月 12 日，出现在电视屏幕中的那英、庾澄庆、汪峰、张惠妹——换了两张脸的导师席，和黑色布幔中即将出现的歌者，是否能够延续 2012 年的全民电视狂欢？

第二季《中国好声音》于七月流火的荧屏正式开唱，2013 年中国大众的耳朵却已被各大卫视的歌声拥堵。6 月底，湖南卫视《中国最强音》、东方卫视《中国梦之声》、安徽卫视《我为歌狂》余音未尽，山东卫视《中国星力量》捷足上档。7 月，北京卫视《最美和声》、湖南卫视《快乐男声》、江苏卫视《全能星战》拉开战幕……仿佛，谁是中国的“好声音”已不重要，谁是中国音乐真人秀的“好节目”才是焦点。

This is not a show.

This is a CAMPAIGN！

这不是一个秀，这是一场运动！

回首《中国好声音》横空出世的这一宣言，它们已在中国综艺电视的上空整整激荡了一年。

“这是一场运动！”——同是 7 月，2012 年。华东师范大学体育馆，

∧ 第二季《中国好声音》开播了，节目组的试听间安静了

∧ 第二季《中国好声音》报名参加节目的学员试音室

巨幅的红黑相间的“The Voice”布幔下，停着一辆标着“浙江卫视”字样的箱体转播车，一台“大炮”摄像机在阳光下威风凛凛；入口处，有一群年轻学子向穿着同一黑色T恤的工作人员追问着华少的去向。

场内，前来避暑的学生、老人、孩子，在黑漆漆的幕布包围中坐了两个多小时了，直到现场导演让他们最后一次操练掌声。15:45，刘欢、那英、哈林、杨坤真的来了。

这是2012年7月6日的下午，高温的上海，第一季《中国好声音》准备开机。谁也没有预料，一场中国电视大片的运动在这一时刻已然开启。

现场掌声响起，总导演金磊努力平静自己的心情。

为了避开内场16个机位，他弓着背、蹲着身，若有所思地看着四位导师第一次坐上一字排开、可360°旋转的椅子，几分钟后，现场将第一次见证他们在“盲听”中触摸歌声的状态，第一次目击学员对着四把椅背放歌，第一次有一支国内顶级摇滚乐队为无名歌手“拉风”……这么多的“第一次”聚合在一起会催生怎样的发酵？随着第一个音符在贝斯手中喷薄而出，一切已无法彩排或NG，只剩下他和团队几近虔诚的屏息。

与此同时，模式中介公司IPCN国际传媒CEO杨媛草正准备代表原版方荷兰Talpa公司追究在中国电视市场出现的多档山寨节目，律师函要求对方于7月12日之前停止侵权行为，否则将向节目制作方、参与演出的明星、选手等所有人员提起法律诉讼。此前他们曾在微博发出警告，首当其冲的是央视改版后的《非常6+1》。

2012年元旦，国家广电总局（与新闻出版总局合并前）下发《关于进一步加强电视上星综合频道节目管理的意见》，遏制荧屏过度娱乐的倾向。一个月后，全国34家上星综合频道的综艺节目较2011年的每周126档减少为38档，消减了近七成。每周只可保留两档综艺节目的“稀缺”，更加剧了各地卫视更为短兵相接的竞争，电视行业整体陷入了焦虑。

焦虑之后，却是变相的反弹。回眸2012年以来的中国综艺电视，在某种意义上，几乎和中国打压不了的房价一样，愈挫愈勇，长袖善舞。

在各地卫视上半年的菜单上，有近十家开出了音乐真人秀节目。东方卫视《声动亚洲》、山东卫视《天籁之声》、青海卫视《花儿朵朵》、辽宁卫视

《激情唱响》等，其中四家已经启用海外正版的创意点——“盲听转椅”。一方面，明星和学员资源告急，一方面，节目模式的卖点正被提前消费。

首期节目即将亮相，四把原味的天价椅子能否打败荧屏纷呈的山寨椅子？

在杨媛草眼里，“The Voice”是一个“硬通货”，走到哪里都是NO.1。2010年《荷兰之声》在荷兰一经播出便稳稳吸纳300万电视观众(占荷兰总人口的18.2%)；2011年4月《美国之声》击败了《美国偶像》成为第一；2012年3月，《英国之声》的首播也超过了《英国达人秀》。但是，在中国电视市场，电视版权意识不足，不按常理出牌的仿效与肆无忌惮的山寨，已经将模式中介公司的生存空间挤压得越来越小。“盲听”和“转椅”是“The Voice”创意的亮点，已经申请了国际专利，但在中国，正版尚未面世，创意已被克隆，她不得不担忧“The Voice”模式输出在中国的命运。

第一季《中国好声音》的四大导师

^ 开新闻发布会时的四位导师

没有海选、没有晋级、没有排名……他们小心翼翼地定义节目为“大型音乐类评论节目”报送广电总局（合并前），终于得到了在22点前试播的许可——自 “限娱令”后，《中国好声音》成为首度在21点黄金时段“开禁”的节目。

时段特许，制作顶级。900万元（后追加为1000万元）一集的成本预算，对灿星制作和浙江卫视是背水一战；对中国综艺电视，更是一场刷新历史的壮举。成败，在此一举。

音乐很累，椅子很忙，电视在赛跑。椅子，成为中国综艺电视艰难转身的最为复杂而单纯的意象。悬念在7月13日21点10分破解。

正在录制第三期节目的现场，导师们晚餐完毕，刘欢、那英、哈林、杨坤四位导师在通往舞台的过道里，突然被过道旁房间里的电视机的动静吸引住了。电视屏幕上正播出首期节目的宣传大片，他们发现，自己比任何一次演唱会的形象更为生猛惊艳。随即，他们不约而同地迅速拐进宣传组的小房间里，围着一台21英寸老式彩电，目不转睛地观看自己音乐导师的“处子秀”。导师宣言、“嘭嘭嘭”的拍钮转椅声、抢学员大战……半小时后，他们在恋恋不舍中被现场导演赶上了红色座椅，继续录制节目。

荧屏的画面和现场互构成一种奇异的视听世界：灯光幻影已经穿越这个体育馆、陌生的歌声也将从椅背后面生出翅膀——他们终于意识到，电视操控下的倾听与评说，居然可以比自己最擅长的演唱感觉来得更为美妙。

此刻，星空华文传媒首席执行官、节目总策划田明也已坐镇现场。从终止美国谈判下机到赶到这里连续指挥，他已经40个小时没有正经睡觉了。疲倦，就像一件奢侈品不合时宜；亢奋，却在一切按部就班之下如履薄冰。当人们怀疑，如此巨额投入一个节目是否太过激进？他告诉自己：必须让团队打一场决定性“战役”。

此刻，公之于世的这场战役，胜败正待揭晓。犹如一位将领在一架望远镜前，在硝烟弥漫过后，即将见证自己的战旗插上高地。

是烧钱，还是超前？《中国好声音》的投入，是《加油！好男儿》的4倍、是《中国达人秀》的2.5倍，对于有着20年电视从业经历的他，依然是职业生涯和电视理想的双重挑战。直到他收到了第一条祝贺短信。

22点前，田明的手机被汹涌的祝贺短信挤爆。

荧屏上，第四位歌者徐海星的悲情正接过张玮High歌的高潮；现场，四位导师暂时没有等到兴奋的声音；眼下，他要快速为首战告捷的副总导演章骊团队发出激励短信……三种场景交错在他布满血丝的双眼。他终于可以确信，曾经和刘欢、那英历经数月的签约过程，曾经和浙江卫视讨价还价的“对赌”收视协议，已可以提前宣告收获——《中国好声音》就此开启了中国电视大片时代！

也许田明并不知情，开机的第二天，当他还在美国的时候，他的上司、星空传媒的控股方“华人文化产业基金”董事长黎瑞刚已低调莅临现场。之前，他刚刚辞去上海市委副秘书长、市府办公厅主任职务。一周后，全国记者蜂拥而至，在拥挤的节目录制现场见缝插针地寻找座位，但他们已经错失最佳机会见证这位传媒高手、这位时而“隐身”江湖却出手惊人的少帅坐在观众席中的场景。那个下午，他所观看的五位选手均未被导师选中，包括一位已过六旬的唱爵士的上海“老克勒”。录制的低潮，依然掌声四起，为选手的告别，也为四位音乐大腕的诚意和温暖。

第二周，浙江卫视总监夏陈安和时任副总监的杜昉率领大队人马出现；

第三周，运载广告客户的大巴源源不断地从杭州驶往上海……

当品牌客户和家属过节似的占据了会议室之后，灿星高层和浙江卫视负责营销的副总监王俊和的谈判，有时就是背靠在狭窄的走廊里进行。对半程杀入的增量广告、开辟系列板块、《酷我真声音》等策划，双方通过几小时的脑力风暴，以匪夷所思的速度拍板定案。

B 五大品牌的金字塔

八分之一法国血统，八分之一苗族血统，肤色黝黑、表情谨慎的杨媛草带着一位光头老外出现在浦东源深体育馆，《中国好声音》的第二阶段 Battle（对战）在这里录制，中方团队习惯叫她“小草”。她和她带来的老外技术专家与总导演金磊的交流，有时就在电梯口或走廊的一角。

《中国好声音》的收视率一路高歌猛进，并不能让她彻底放松。2012 年前后，她所经营的 IPCN 卖给了东方卫视《梦立方》、湖北卫视《我爱我的祖国》两档节目，全国收视均未达 1%，不温不火；而卖给深圳卫视的来自美国 NBC 的《The Sing-Off》(《清唱团》)，是一档高端玩转无伴奏合唱创意音乐类选秀节目，尽管和《中国好声音》错位在每周六播出，却只在 0.4%—0.6% 的收视率区间徘徊，没有取得预期效果。

评估中国本土电视真人秀，截至 2013 年上半年，以资本过亿 + 全国规模影响力（全国收视率过 2%）来评估综艺电视节目来看，五大品牌是——《非诚勿扰》、《中国达人秀》、《中国梦想秀》、《中国好声音》、《我是歌手》，以节目出现的时间为序，它们和海外电视模式的关系如下：

《非诚勿扰》（2010 年 1 月）：你不会关心谁和谁一见钟情，你更关注男女嘉宾通过择偶表达价值观碰撞的过程，以及那些诸如“宁愿坐在宝马车里哭，也不愿坐在自行车上笑”的出位的言论。模式上，难脱《带我走吧》（Take Me Out）的影子。为此，在 2010 年 3 月，他们遭到引进英国原版版权的湖南卫视（其原版引进落地播出的节目叫《我们约会吧》）的投诉。

《中国达人秀》（2010 年 7 月）：我们看到了“绝技 + 情感”的故事，见证了“麻雀变凤凰”的传奇，断臂达人刘伟的脚趾钢琴，弹进了维也纳金色大厅，也唱响了“中国梦”的篇章。模式上，1–3 季通过版权代理公司 IPCN 引进《Got Talent》，并在中国大陆地区独家授权东方卫视播出，2012 年 11 月开始播出的第四季，由版权方 Fremantle Media 直接授权。2013 年第五季的版权归属，目前尚无定论。

《中国梦想秀》（2011 年 4 月）：给平民一个最华丽的舞台，可以没有

^ 第二季《中国好声音》刚开录，歌声一起，导师们快坐不住了……

才艺，但一定怀揣梦想，让明星们一起为他们圆梦。系购买英国《Tonight's The Night》版权。2012 年 4 月至 2013 年 6 月，共推出了三季节目，颠覆了原版和第一、二季群星圆梦的形式，由周立波一人担任“梦想大使”。

《中国好声音》（2012 年 7 月）：用“反选秀”的方式推崇“声音”的标准，在最精致的视听手段下，塑造酷爱音乐、坚持歌唱的群像，掀起一场全民电视运动。由浙江卫视联合灿星制作，原版为荷兰《The Voice》，通过版权代理公司 IPCN 卖给浙江卫视。

《我是歌手》（2013 年 1 月）：知名歌手淘汰赛综艺秀。湖南卫视“引进自韩国 MBC 电视台热播综艺节目《I AM A SINGER》(《我是歌手》)，也是韩国第一次对外输出版权模式的电视综艺节目。

回溯中国电视综艺引进版权的历程，始于 2001 年《梦想成真》购买《幸福家庭计划》版权。2005 年，当湖南卫视的《超级女声》带着《美国偶像》（American Idol）的模式印记在荧屏掀起选秀风潮，他们绕过了购买版权，也同步失去了自创环节的保护；而在同年，上海 SMG（上海文广传媒集团）刚刚成立的东方卫视已正式购买美国 NBC（National Broadcasting Corporation，美国全国广播公司）的创业真人秀《学徒》(《The Apprentice》) 版权，于 2005 年、2007 年共做了两季的《创智赢家》，却不敌央视二套借鉴《学徒》模式于 2006 年开始推出的三季《赢在中国》。2006 年湖南卫视正式引进《舞动奇迹》的影响力，亦未能盖过东方卫视借鉴加自创的《舞林大会》。2007 年，央视为了升级打造《幸运 52》，花了 400 万元购买《GO BINGO》版权，终止了拼接移植与自创的浅层混搭。

模仿有理，抄袭无罪，中国电视理念与制作手段竞相饮鸩止渴。综艺选秀让各地卫视普遍尝到了走捷径的甜头，却也避不开面目失血；从海外节目的录像中抄袭创意，是国际电视交流的短板；从它台收视较火的节目中克隆桥段，亦成为业界扯皮的顽症。中国综艺电视的各方团队，如同挤在一间透明的教室里测验，每交出一份卷子，彼此都打过小抄。

2010 年 7 月，《中国达人秀》在东方卫视出现。它不仅把选秀的视野从年轻偶像拓展到了草根百姓，也给风起云涌的相亲类节目提升了制作等级。强大的制作水准和海外原版的中国式呈现，迅速终结了各地电视埋头山寨的势头，购买国际版权模式、研究学习先进电视理念，渐成业内共识。

但是，引进模式并不意味着稳操胜券，和所有行业一样，娱乐业优胜劣汰的规律，锻造了电视综艺节目的金字塔，就目前而言，大致可以分为三种形态：

① 埋没

全国收视率在 0.6% 以下，即使买方平台冒险投入第 2、第 3 季，影响力弱和效益回报差等于给模式判了死刑。近年来，2/3 的本土引进模式节目遭遇这种状况。在此就不一一举例说明了。

② 徘徊

全国收视率徘徊在 0.7%—1% 左右，湖南卫视《我们约会吧》（引进自《Take Me Out》）、深圳卫视《年代秀》（源自比利时原版《The Generation Show》）；辽宁卫视的《激情唱响》（原版模式《The X Factor》做了两季，收视平平、2013 年被湖南卫视引进更名为《中国最强音》）。安徽卫视在 2012 年下半年推出第一季的《势不可挡》（《Don't Stop Me Now》）是向 Fremantle Media 引进的一档大型才艺竞技节目，但 0.8% 的全国收视率几乎构成了一道他们较难突破的压力线。

③ 变脸

所有模式都存在不同程度的本土化变异，有的是技术层面寻求达标，有的是操作层面难以克隆，有的则属于在意识层面难以接轨或主动求变。

《中国最强音》播出之前，曾被视作是接棒《我是歌手》的升级作品，但播出后，却遭遇观众和业内人士吐槽。选手准备薄弱，评委互动寡淡，剪辑理念模糊，即便巨额投入，即便捆绑罗大佑、郑钧、章子怡、陈奕迅四大明星，在碧海蓝天的三亚别墅和直升机的豪华调度里，依然掩饰不了与原版模式的隔膜。

而央视《谢天谢地我来了》因为没有本土明星系列剧集长期捆绑的条件、湖南卫视《百变大咖秀》由于大咖明星成本问题，不得不面对模式打起折扣。

和上述“被动变脸”的状况不同，也有“主动整容”的案例。江苏卫视的《一站到底》(源自美国 NBC《Who's Still Standing》)，作为一档平民益智类攻擂节目，他们尝试改编原版模式，自 2012 年 3 月推出至今，收视平平。浙江卫视的《中国梦想秀》(购买英国《Tonight's The Night》版权)，在 2012 年颠覆模式，通过周立波担任“梦想大使”进入收视第一军团，但是过度倚重脱口秀巨星的个人魅力的模式本身，很难复制推广。

2013 年 2–4 月，东方卫视推出的《舞林争霸》(购买美国《So You Think You Can Dance》版权)，前半程的 Audition(试演环节)体现原版精髓，品相惊艳；在后半程则本土化经验逆袭，步态混搭。它像一双赶往世界的东方舞鞋，在 2006 年湖南卫视《舞动奇迹》(BBC《Strictly Come Dancing》)之后，叩击出中国舞蹈真人秀最具国际范式的足音。

诚如“The Voice”、“American Idol”(《美国偶像》)这样版权输出了 40 多个国家的老牌节目，也鼓励制作方在不违背模式核心精神的基础上进行国情改造，但是国内模式节目的三种生存形态昭示了这样的实质：模式不是家家都可以熟稔于心的“圣经”。

仿佛购买了进口的颜料、画布、笔刷、画框，并不能诞生一部杰作，风景和人物表现还需画家的才华和技艺。电视模式购买不难，成功不易。

这些年间比较活跃的模式版权交易代理商——IPCN 和世熙传媒，这两家公司对此颇有心得。

成功引进了《中国达人秀》、《中国好声音》两大模式的杨媛草觉得，平台和团队很重要。“我知道这是一个大节目，需要一个很强大的电视台来承载，从制作团队、宣传力度到整个资源的整合，都需要强力支持。”当年，她相中了东方卫视这个平台，把寻找广告冠名赞助商的“附加工作”一起扛下，促成了《中国达人秀》在两年里做火了三季。

世熙传媒成功运作了《中国梦想秀》等模式，他们在接受《视听界》的采访时强调，海外模式的本土生命力取决于中国电视市场环境。“中国电视市场是全球独一无二的，电视台众多，大家分到的都是非常小的一块蛋糕。在竞争过于激烈的大环境下，加上知识产权保护体系不完善，版权保护意识不强，跟风抄袭现象非常严重，逼得各电视台不得不竭泽而渔。像《中国达人秀》，在中国一年做两季，在英国是很难做到的，因为它对选手的资源是一个巨量的消费…… 所以，SMG 要趁着这个品牌吸引力和影响力还非常大的时候，把全中国的达人尽可能往自己这里吸引。这也必然导致在国外可能做个十年八年的模式，在中国只能做两三年，就快速进入衰退期。”

2013 年 1 月谢幕的第四季《中国达人秀》11 期节目总体收视率在 1.5%—2% 之间，只有一期过 2%，总决赛达到 2.5%，总体下滑。从才艺品质、制作理念以及精神张力来看，节目似已告别了巅峰状态，第一季冠军断臂钢琴王子刘伟的励志传奇、第二季亚军菜花甜妈的草根经典、第三季小提琴王子杨宙、“雨林姐妹”等直击心灵的神韵情怀没有再现。这是由于评委和选手资源的枯竭，还是团队激情能量的待补？是已辉煌了三季模式进入的周期调整，还是被遍地山寨所累？在 2010 年就已经呼出 “相信梦想、相信奇迹” 的中国梦宣言下，如何保持节目的激情与张力，是引进版权方下一步值得研究和探讨的话题。

2013 年 7 月，湘军骁勇湖南卫视在《中国最强音》遭遇滑铁卢后，祭出了老牌选秀节目《快乐男声》，初赛以每周四个晚上连播的方式与其他各大卫视的周末档真人秀正面冲突，并转移了曾山寨《美国偶像》的帽子，唱出了“原创”节目的调调。2013 年 7 月上档的《全能星战》与原模式《The Ultimate Entertainer》(《终极艺人》) 发生“情变”，启用了《我是歌手》一些元素，再度拷问模式引进的变异形态，“中国式”本土化也成为“尊重原版”与“开发原则”之间的暧昧地带，电视模式的竞争更趋复杂……

2 《中国好声音》PK《中国达人秀》

你以为我刀枪不入，

我以为你百毒不侵。

徐志摩《寂寞人心》之语，

用在主持人与观众的关系上，

也恰如其分。

A 四大卫视上演“四大家族”斗法

几十个黑箱子在夜幕中进入舞台。成群结队的观众，在中午开始涌向上海人民广场附近的上海音乐厅。2012 年 11 月 10 日后的此地，由 16 根大理石圆柱合抱的音乐地标，再次成为《中国达人秀》的录制地点。

11 月 13 日下午，上海的气温在 10℃左右徘徊，一中一外两位女士从 0℃的北京飞来。只见她们穿过南门，跨过布满电线的左侧台，向工作人员打听着什么，而后，在通往北门的大理石走廊上，她们被正倒退着拍摄的摄像机挡住了去路。第四季《中国达人秀》的新晋“梦想观察员”徐静蕾，正在拍摄“进入场地”的第四条。这一在正片中几乎一晃而过的镜头，随着北门的一次次开合，已经折腾了半个小时。执导的是 SMG 最有艺术范儿的导演黄辉，从《加油好男儿》起，SMG 真人秀宣传大片，一直由他担纲，他可以将《英国达人》的原版气场还原得分毫不差。他告诉我，面对迎接徐静蕾入席的场外观众，老徐的手心似乎在冒汗。

两位驻足观望的女士对于这里的工作氛围并不陌生，她们是来自《Got Talent》版权方 Fremantle Media 的飞行制片人，Sheldon Bailey 女士和谭欣，她们正打算和新“梦想观察员”组合：杨威、窦文涛、徐静蕾、黄舒骏四人再上一次“辅导课”。和模式中介公司 IPCN 的合约期满后，第四季《中国达人秀》由 Fremantle Media 直接授权东方卫视。打完《中国好声音》战役的金磊团队，在休整了 1 个月后，和东方卫视的团队携手接棒。谭欣同步进行的计划，是和东方卫视对接他们将在 2013 年第二季度推出的《美国偶像》中国版。

“If you like it or don't like it, you doesn't make wrong.”（“你喜欢，或者不喜欢，都没有错。”）穿着羊毛开衫的 Sheldon 反复对四位有着体操王子、主持人、电影人、音乐人不同身份背景的“梦想观察员”说着这句话，希望评委强调个人的口味和态度。

这一天，天王黎明因档期问题缺席。在现场拥有大量粉丝的他，对待达人的表演比较温和平静，经过和导演多轮的交流，他有了自己的心得：“其实，舞台上的表演更重要，出彩的节目，自然让我们有很多话想表达。”第二轮录像时，他一个下午给出了近十个“NO”，只有一个会干活的叫“哈雷”的小狗表演得到了他的“Yes”。天王在等待天才的出现。亲和外表下的严苛，显示出他对技术的坚持。为了打破一种状态，又不干涉他的判断，晚上，在录像上台的通道里，我笑着对他说：“‘天王’这是要变‘天煞’了吗？有时候，Yes 是对选手态度的鼓励，即使表演者的技艺不够，也能让观众和达人感受到你的温暖。”

但是第四季《中国达人秀》是否能接力《中国好声音》得到观众的“Yes”？某种意义上来说，同一个团队打造的两个国外版权节目，犹如同母异父的混血孩子：观念和技术是西方的，思维方式和情感是东方的；打扮是欧式的，长相是本土的；胚胎是丹麦的，养分是中国的。

第四季《中国达人秀》由原版公司 Fremantle Media 直接对接，前几期录像谭欣全程在场。她告诉我，在英国收视榜单上，《The Voice》已落在《英国达人》和《 The X Factor》(《X 音素》“中国最强音”母版）后面，《英国达人》重新排位第一。那么，在她眼里，除了技术流程上的差别，如何评价《中国达人秀》和《中国好声音》?

谭欣在比较了有无海选、评委功能等差别后，突然意味深长地对我说：“其实《中国好声音》对原版的改良的一部分，是把《中国达人秀》的一些操作理念和手法带过去了。”

“人们看的以及想要看的是有动感的画面——成千上万的图片，稍纵即逝然而斑斓夺目。正是电视本身的这种性质决定了它必须舍弃思想，来迎合人们对视觉快感的需求，来适应娱乐业的发展。”波兹曼在《娱乐至死》里早为电视娱乐开出了虚荣空洞的罚单。中国综艺电视既暗藏末日狂奔的危机，又显露着背水一战的征兆。一个在“达人秀”和“好声音”之间的团队，他们的理念和技法，是否还能制胜荧屏？

总策划田明在《中国好声音》打响的一周后，面对第一批扑到现场的记者，抛出了“真实娱乐”的概念，以真实的人、真实的事达成电视的文化表情。新闻出身的他三年前执掌上海新娱乐频道，曾策划了柏万青《新老娘舅》、《阿庆讲故事》节目等，当他提到这些案例时，让在坐的非沪籍记者们某一时段一头雾水。早年间，田明在SMG的一些大型项目里，更喜欢用巴顿将军的话为团队鼓气：20年后，你会庆幸自己参加了此次世界大战。到那时，当你在壁炉边，孙子坐在你的膝盖上问“爷爷，你在第二次世界大战时干什么呢？”你不用吞吞吐吐地说：“我当时在路易斯安那铲粪。”

这位曾经的少壮派，习惯把做电视当作叱咤风云的战场，而不是温情脉脉的看家护院。触及民生的情感、把握时代脉搏，是他在体制内时实现卓越的标杆；高举高打地拿出《中国好声音》，则是走出体制对电视理想的再次求证。他意识到：真人秀是“真实娱乐”最大的载体，改变中国作为世界第一电视大国而与实际发展水平倒挂的局面，仅有“国际视野、中国表达”的理念还不足够，必须继《中国达人秀》之后，拿出新的重量级作品。

浮躁的娱乐电视，正乐不思蜀地复制着罐头笑声；而“变态”的电视革命，正待颠覆性的重锤。

近年来国内电视引进模式的整体状况堪忧，亦决定了《中国好声音》亮相的意义：继《中国达人秀》后，再度定义了电视大片的标准。这个“标

∧ 徐静蕾、黎明
在拍《中国达人秀》宣传片

∧ 凌晨两点，田明和刘欢、哈林等导师沟通节目

准”既是技术上的领先，也是观念上的蜕变。在外化的指标上可视为“三高”：高投入 + 高标准 + 高产出，对受众、屏幕、舆论、产业爆发式占领。

在全国 42 城收视数据中，《中国好声音》首期收视率是 1.48，为全国第二；之后便势如破竹稳坐全国第一，从第二期的 2.8 到第三期的 3.09，到第二阶段第七期导师终极考核过 4、破 5，直至“巅峰之夜”终盘的收视率 6.1，一再刷新中国综艺电视的新纪录。以 2013 年上半年收视最高的《我是歌手》作为参照，其前 12 期单期最高收视为 2.8，终盘为 4.3。

第一季《中国好声音》占据了中国综艺电视的金字塔尖，再度掀起本土引进海外电视模式的高潮。2013 年 4 月，在戛纳电视节上，中国内地各电视台以及民营制作公司更上演了抢购节目版权的一幕。2013 年有 30 个左右的引进模式节目亮相荧屏，而在 2012 年，全球节目版权交易直逼 200 亿欧元。

若以这个数字衡量中国电视综艺产业，模式的实际购买力尚不足 0.5%，和拥有世界最大电视受众的市场更不能成正比。但是这并不意味着购买模式的泡沫危机没有显现，相反，如果《中国好声音》的成功被定义为购买模式的终极胜利，则是一个不可不警惕的误会。

相比 2012 年，2013 年上半年的特征为：① 全国收视率在 1 以下挣扎的模式节目将有增无减；② 各大卫视引进模式的整体水平正在提高，电视受众回归。

2013 年 1 月，湖南卫视《我是歌手》异军突起，东方卫视的《妈妈咪呀》拍马驾到。两档真人秀节目均引进韩国综艺模式，前者以百姓评审逐轮淘汰成名歌手的音乐真人秀，被视为《中国好声音》的劲敌；后者则以妈妈唱歌选秀方式传递人生与梦想。

3–6 月，四大卫视上演“四大家族”斗法：湖南卫视接档《我是歌手》上演《中国最强音》；东方卫视回追被“超女快男”模拟过的《美国偶像》版权，推出《中国梦之声》；江苏卫视《星跳水立方》和浙江卫视《中国星跳跃》两档明星跳水节目登陆上岸。值得关注的是，这一轮卫视重拳出击的大型真人秀都有一个共同的特点，即在“巨资投入 + 明星助阵”下，全国收视率轻松过 1，却通常在 1.5 处遭遇压力。同期竞争的还有央视一套的《舞出我人生》，由灿星《舞林大会》的制作班底制作，把 12 组大牌明星和草根舞者捆绑圆梦，依靠平台和时段的优势，收视率基本维持在 2 以上，领先一筹。不过，在口碑上，上半年所有节目亦尚未引发或构成全民瞩目的电视事件。

2013 年下半年，各大卫视大型模式真人秀更上演“军阀割据”的局面。6 月的最后一周，山东卫视《中国星力量》、湖北卫视《我的中国星》上档，9 月，东方卫视推出《不朽的名曲》，三大节目均为韩国模式。7 月 9 日湖南卫视重启《快乐男声》，7 月下旬北京卫视推出《最美和声》(ABC《Duets》)，江苏卫视《全能星战》接档《星跳水立方》……

7 月 12 日，第二季《中国好声音》开播，首期收视 46 城数据破了 3.5，创下了中国综艺电视首期节目新纪录。

模式扎堆，比肩接踵。中国真人秀业态势必重新洗牌，“西学东渐”的模式，在中国荧屏大战的高潮已经开启，谁能争霸，已无悬念。

B 节目升级与模式源头的爱与哀愁

从《中国达人秀》到《中国好声音》，节目升级的意义何在？

“娱乐的外衣，人文的内核”一直是金磊团队传输的价值观，是否继续成为真人秀的“圣经”？为此，我单独采访了金磊，并在和他认识多年后，第一次用了录音和纸笔记录他的谈话。

剃过一次光头的金磊发茬参差，仿佛正在完成36岁本命年的一次蓄势与蜕变。胃尚在修复中的他坐在COSTA咖啡馆的玻璃后面喝着第二杯矿泉水。他坦言：“纯粹的歌曲，对时代记忆的勾连最有力量，而模式方对四位导师的定位也有年龄和音乐风格差异之要求，具备先天优势；在电视制作层面，‘好声音’也比‘达人秀’更上一个台阶，学员进入歌唱前的VCR就多出5个场景，在灯光、音响、乐队等顶级配置的视听效果上提升了审美品质，而‘达人秀’的魅力在于更加原生态。”

从分镜头语言观察，《中国好声音》较《中国达人秀》更为丰富细腻，从外景走入、进入电梯、出电梯、个人独白、最后从画外拿起话筒进入主舞台场景的瞬间，在一分钟内告诉你一个歌者进入音乐顶级场景的过程，犹如一段即将祭出华彩篇章的序曲；而在‘达人秀’里，呈现的是选手在等候区的采访或侧幕条的状态，剪辑成为前传。

从大腕功能观察，“好声音”将“达人秀”的评委席变身为导师席，将评委对选手才艺的“yes or no”，递进为导师收徒，与选手命运直接捆绑，从“与己无关”到“与己有关”，并形成了彼此间的竞争关系。责任一旦上身，结局必有担当，冲突的戏份浮出水面。

从选手观察，“达人秀”选手是凭多种才艺的独门绝技与梦想成真，一定程度上缺乏可比性；“好声音”是一门技艺的互相比拼，同台飙歌的对战晋级变得更加纯粹激烈。

从“达人秀”故事导演升任《中国好声音》副总导演的达达认为，做《中国好声音》更加“刺激”，因为音乐的单纯与极致，更易打开中国电视观众的审美向度。在草根达人节目被复制山寨后的两年，荧屏更需要有一次品质和观念的升华。

而两大节目的副总导演章骊则一言以蔽之："达人秀"是一档展示草根才艺，帮他们步入殿堂的节目；而"好声音"相反，它是精英文化做给老百姓看的音乐真人秀。

从模式源头观察，《中国梦之声》、《中国最强音》和《中国达人秀》模式原版之间，亦存在着复杂的"血亲"关系：2002 年 6–10 月，美国 FOX 广播公司推出了第一季《美国偶像》(《中国梦之声》模式源)，这是他们以 6700 万美元买下英国电视节目《流行偶像》(Pop Idol) 版权进行改编打造的。西蒙・福勒（Simon Fuller）为创始人和制片人。2004 年，同时担任《英国达人》(《中国达人秀》模式源）评委的西蒙・考威尔（Simon Cowell，多个电视选秀节目的制作人，唱片公司老板)，创办了《The X Factor》(《中国最强音》模式源)。同年 9 月，西蒙・福勒控告他抄袭《流行偶像》，法院最后判决西蒙・福勒为《The X Factor》的合伙人，而西蒙・考威尔则被强制为《美国偶像》担任五年评委。2010 年第九季总决赛中，在历届选手代表《Together We Are One》的感人歌声中，西蒙・考威尔告别了担任了九季评委的《美国偶像》。尽管西蒙・福勒为续约他开出了 1.44 亿美元的天价，但是西蒙・考威尔和 FOX 的缘分未尽，《The X Factor》美版最终花落 FOX，由他继续挂帅导师席，在 2011 年 9 月 21 日播出，与美国 NBC 同年 4 月 26 日推出的《美国之声》(引进自《The Voice》) 抗衡。

相拥，并不是一种永恒；分离，也不是一种背叛。从英美长达 12 年的节目升级与模式竞争的交集中，我们可以看到，原创模式与版权引进互博的爱与哀愁。同样，引进模式的中国电视，在照搬运用与自我创新之间，亦很难厚此薄彼。一方面，本土化的学习实践，是创新开始的第一步；另一方面，学习与模仿的辉煌不是终极的荣耀。那么，国内缺乏成功的原创节目模式的症结何在？

金磊认为，中西文化传统的差异，导致我们"输在了源头上"。他坦言："国内的各个行业都很焦虑，不愿意在创意的源头上投入，总希望直接看到回报；而我们 60、70、80 后的整体教育模式既缺乏想象力，又没有科学思维的严密熏陶，两头不靠。从另一个层面上来看，所谓原创，就是真正吸纳、理解中西文化的沉淀，重新梳理和吃透它们，从这个意义上看，我认为古罗马角斗士，是最古老的真人秀，生命的对抗，意志的图腾、信仰感与悬念，是迄今我们难以达到的层面。”

这位洋溢着诗性气质的70后文艺青年，在制作《中国达人秀》之前，率领的导演团队，在2004年成功打造了《我型我秀》，2006年《加油！好男儿》和2010年的百姓家庭才艺真人秀《欢聚世博·全家都来赛》，开创了每周三天直播的中国综艺的先河，这个团队成为《中国达人秀》的“黄埔军校”。

当团队对本土综艺技法烂熟于心之后，他们更需海外模式人文的理念、规范的技术、创意的设计整体充电升级。

购买模式是一次交易，模式的成功本质，更在于操作团队的价值理念与技术实现。而对于一个优秀团队的评估，其创造实力的检验，是本土化嫁接的一部分。金磊所率领的团队，曾在两年里拿出三季出色的《中国达人秀》，他们经历了将断臂达人刘伟的琴声弹进维也纳音乐厅、上海“菜花甜妈”和英国苏珊大妈对唱等筑梦过程，对从中国草根百姓的故事中提升情怀，有着深刻的文化准备。在技术上，他们尊重版权模式方的流程和细节，拿到长达500页的“Bible”（节目宝典）时，导演团队如饥似渴，每个流程环节、所有细节、各类技术指标，都一一落实，分组研习；并在现场、后期制作时，不断与来自模式方的专家切磋、磨合，常常为几秒钟的镜头处理反复调取各个机位的素材，以求画面语言流畅和具有冲击力。

2012年初，整个团队还分批去了英国，在伦敦《英国达人秀》的录制现场，观摩和交流原版节目的整个录制环节和步骤，制作人和模式方及团队导演进行面对面的交流沟通，弥合本土化的差异与技术落差。东方卫视的《中国梦之声》团队，也在2013年3月前往美国洛杉矶《美国偶像》录制现场取经，传媒大佬、制片人西蒙·福勒还接受了随行媒体团的采访。

从“达人秀”到“好声音”，星空灿星团队急需一个中国电视观众为他们拍案转身的理由，一个团队升级、模式升级的理由。从东方卫视到浙江卫视，以及央视平台对他们的呼唤，这支团队正在更多的平台中实现超越。“国际视野，中国表达”是他们成功的秘诀，制作技术和传播规律学习西方，精神内涵和情感价值强调本土；而用国际先进理念传播中国式梦想之后，能否真正激活原创能力，才是挑战一个电视团队实力的终极命门。

更多的电视人意识到原创的生命力，正加速电视创意产业与欧美先进模式的源头接轨。没有永远成功的模式，只有不断创新的团队。星空传媒正在加紧研发《中国好歌曲》、《中国好功夫》等大型真人秀模式，将于 2013 年四季度推出，创意的含金量如何有待检验。

与热衷购买模式的时髦相比，领先的电视团队对于电视原创力量的开发自觉预警。2012 年末，各地电视平台与欧美创意模式的源头开始频繁接触，同时，英国 BBC Worldwide、Fremantle Media、荷兰 Talpa 等节目模式版权公司也愿意和中方平台直接合作。2013 年的江苏卫视将启动在英国设立节目研发中心，东方卫视的国际合作战略规划也已实施，模式交易公司 IPCN 也试图转型，他们已经成立创意团队，将业务重心转向原创节目模式的打造；星空传媒也将和国际知名的版权公司深度合作，从一战成名的制作体向输出模式的业务挺进。

2012 年的中国综艺电视砥砺前行，催生了 2013 年模式之路的崭新格局，这标志着近年来他们从节目竞争过渡到了模式竞争后，开始探寻和弥合创意源头的差距，创新迷局正待破解。中国电视制作体及平台与国际一流创意产业共同开发的时代。

“绝望自有绝望的力量，就像希望也有希望的无能。”詹姆斯·凯恩《邮差总按两遍铃》的偈语，似乎按响了中国电视的第一次铃：当 2013 年前三季度模式大战硝烟过后，是否能在 2013 年出现自主研发的中国模式，已成为电视业界下一轮比拼的前戏。

各地卫视近年引进海外电视模式不完全表

电视台	节目名	海外原版名称	原版版权国家
东方卫视	中国达人秀	Got Talent	英国
	我心唱响	Sing It	荷兰
	梦立方	The Cube	英国
	顶级厨师	Master Chef	英国
	中国梦之声	American Idol	美国
	妈妈咪呀	Super Diva	韩国
	舞林争霸	So You Think You Can Dance	美国
湖南卫视	我们约会吧	Take Me Out	英国
	最高档	Top Gear	英国
	舞动奇迹	Strictly Come Dancing	英国
	女人如歌	The Winner Is	荷兰
	我是歌手	I Am A Singer	韩国
	百变大咖秀	Your Face Sounds Familiar	西班牙
	中国最强音	The X Factor（2013）	英国
浙江卫视	中国梦想秀	Tonight's The Night	英国
	中国好声音	The Voice	荷兰
	王牌谍中谍	Poker Face	英国
	转身遇到TA	The Choice	美国
江苏卫视	星跳水立方	Stars In Danger：High Diving	德国
	芝麻开门	Raid The Cage	美国
	一站到底	Who's Still Standing	美国
安徽卫视	势不可挡	Don't Stop Me Now	英国
北京卫视	最美和声	Duets	美国
湖北卫视	我爱我的祖国	I love My Country	荷兰
	谁是我家人	Who Is My Family	荷兰
辽宁卫视	激情唱响	The X Factor（2011/2012）	英国
东南卫视	欢乐合唱团	Last Choir Standing	英国
	明天就出发	This Time Tomorrow	英国
山东卫视	惊喜！惊喜！	Surprise! Surprise!	英国
深圳卫视	年代秀	Generation Show	比利时
	清唱团	The Sing-Off	美国
广东卫视	完美暗恋	Dating In The Dark	荷兰
	我为歌狂	Mad for Music	荷兰

从“新郎”到“伴郎”：电视大片的主持人

各大卫视与电视真人秀模式火速成亲，注定了“先结婚、后恋爱”的状态成为必然，从周播方式稳定的频率，到季播方式起伏的赛制，必须面临理念吸氧和角色变异，最显著的特征是：主持人从“新郎”到“伴郎”。

放眼国内中等规模的真人秀节目，主持人可分为四派：

亲和派：毕福剑《星光大道》、李咏《非常6+1》；

感动派：董卿《我要上春晚》；

机灵派：湖南卫视群体主持人：《天天向上》、《快乐大本营》；

智慧派：崔永元《谢天谢地你来了》、孟非《非诚勿扰》、骆新《百里挑一》。

大型真人秀中，东方卫视的程雷成为“一哥”，浙江卫视的华少紧随其后。

“为什么在一个50多岁的男人眼神里，还会有婴儿般的纯粹？”

2012年初，伦敦。在《The Cube》(《梦立方》模式）节目录制现场，程雷被节目主持人、英国名嘴菲利普·斯科菲尔德（Phillip Schofield）的眼神深深吸引，对我感叹道。

^ 原版美国《舞林争霸》的主持人 Cat Deeley

^ The Cube (《梦立方》) 英国模板主持人菲利普

这一在 2011 年英国电视剧最高奖（BAFTATV Awards）中获得最佳综艺节目奖的节目在 2012 年被东方卫视购入版权，叫做《梦立方》，节目除了使用多台高清摄像机进行多角度拍摄外，在现场还配备了两台 RED ONE 电影摄影机，以及 90 台单反相机，以好莱坞大片模式 360° 拍摄，回放游戏玩家的闯关动作，组成了一套完美的 Game Freeze 系统。在这样的高端技术的电视节目里，主持人的角色空间在哪里？

程雷在《中国达人秀》的出现，是国内综艺主持人首次从主舞台撤到边缘地带的侧幕条，舞台中间消失了主持人，他只在侧幕为达人和家属们“送往迎来”，紧张、兴奋、恐惧、失落、哀伤、遗憾……所有情绪发生在同一组人身上，在表演前后都有很大的反差，主持人成为潜在的教导员和心理导师。当初的程雷，曾为自己被呈现的篇幅之少而倍感失落，因为他面对一台单挂摄像机和一台游机的全天候互动，每次录像 10–12 小时，几乎不能坐下，而成片里，主持人的影像被留下的不到 5%，“打击”可想而知。

2012 年初，《中国达人秀》团队赴伦敦取经期间，程雷曾向一头白发的菲利普请教：作为主持人最重要的是什么？

菲利普闪着湛蓝色的眼睛回答：“把观众当做上帝，如果你没有让现场的观众感受到你的投入，即无法吸引电视机前的观众。”

有一次，为了鼓励《梦立方》中一位紧张的韩国选手最后闯关，程雷突

^ 2012 年初，程雷在《英国达人》节目录制侧台取景

然匍匐在地，作青蛙鼓腮呼吸状。他的这一举动并非“人来疯”，而是“出典”于这位选手喜欢学青蛙呼吸减压。这让我联想起2008年第四季《So You Think You Can Dance》(《舞林争霸》美国模板）的美女主持人Cat Deeley的“惊世骇俗”之举，在参赛者Chelsie Hightower和Twitch跳完一段舞之后，评委点评之前，身穿晚礼服的Cat俯身为Chelsie Hightower束好松开的舞鞋扣带，让选手、评审、观众惊讶和钦佩！

Cat俯身束鞋带和程雷伏地装青蛙，这两个动作足以载入真人秀史册，成为真人秀主持人的范本和他们个人职业生涯的亮点。其实他们打动人心的不是突兀的动作，而是动作背后的“以他人为本”的意识。多了，画蛇添足；少了，麻木不仁。而多年来的本土真人秀主持人，仍有不少满足自我感觉与口头表达者，更有甚者，有一位职场节目主持人，因为和一位海归女孩语系不搭，逞主场之威的他不惜将她赶往诚信死角，现场Boss团嘉宾也加入了围剿阵营。

当“话痨”成为修身宝典，抢戏视作职业天赋，制片人、编导和主持人都将主持人这一角色定义为屏幕的当然主角。而在欧美的真人秀节目里，无论是表演类、竞赛类和节目类的主持人，相对于选手和评委，他们永远是配角；在强大的耗片比中，滔滔不绝的口条不是主持人露脸的资本。

从泛综艺的糙性，到真人秀的感性，华少也曾面对这个坎。

第一季《中国好声音》录制初期，华少对导演要求他减少说话难以理解，甚至因为沟通误解，一度感到尊严受损。作为一线男主持人，他不想在一个轰动的节目里，仅仅成为广告速报第一人，而欲以职业经验与热忱，做足功课和学员互动。但是，国内综艺泛滥的伶牙俐齿与感慨万千、见缝插针或反客为主，都是真人秀的大忌；而转承启合、叠加复述的方式，更是电视大片的叙述障碍。华少在“好声音”后半程对战阶段渐入佳境，终于渡过难关，甚至在浙江卫视跨年直播中，以基本没有一句废话的水准，干净地拿下了节目。内地主持人通常把职业进步的标杆定为“制片人”，殊不知，自身的功力造化才是挑战。

2008年，美国电视艾美奖首次开设“最佳真人秀主持人奖”，对电视真人秀主持人这一职业作了界定。我所理解的真人秀主持人的定义是：他无须鲜明地站在评委和选手一边，却是他们之间不显山露水的桥梁；他是整个节目流程的衔接者和叙述者，却不是报幕员；他是有血有肉的观察者，却不是入戏太深的艺人；他还是冷静的规则执行者，却不是跑点的、热衷自我感觉的表达者；他可以是冲突危机的担当者，却不必是晚会气场的主控者。一句话，他是客体世界的“职业经理人”，而非主观意图的“布道者”。

“我对自己的要求是干净。不该主持人表现的时候不要影响进程；当节目需要主持人推动时，用最精炼准确的语言推动。在这个基础上，如果还能激发挑战者、鼓励选手，就算超额完成任务。”程雷对真人秀主持人的定位和华少的嬗变，正是另一些尚在稀释模式的地方卫视的差距之一。

2013年，大型真人秀的主持人队伍正在扩容。4月12日，《我是歌手》的大结局在湖南卫视腹地、湘广电大厦的录像厅进行近4个小时的直播。汪涵、何炅双生挎刀。他们轮换岗位，在7组选手比唱环节里，分别在内外场当主持人，形成一次既合作又分工的大对决。赛程中，汪涵的诗意独白：“我人生难忘的一个早晨……金色的阳光晒在丛林之上，还有那充满了灵性的生命之上，在那一刻脑子里唯一的一句话就是说唯有这光，唯有这阳光可以给世界加冕。”他的有备而来，虽然让坐在现场的我，在热烈的气场里也划过瞬间感动，但是三次抒情的桥段，也让一些圈内人士和电视机前的观众感到些许“出位”。因为，这是一个晚会的定制，而非一场真人秀的决战。当两者功能交错之时，煽情的动机与位置，变得更难驾驭；而主持人和羽泉就地俯卧撑的发挥，更具备真人秀直播的意外惊喜。

何炅在《中国最强音》中表现不俗。冷静沉稳，不再随时翻包袱、抖机灵，有别于《快乐大本营》、《百变大咖秀》中的嘈嘈切切，也超越了其在“超女快男”中的表现。一位已经成熟的一线主持人能够如此迅速地切换自己的风格，令人刮目相看。

你以为我刀枪不入， 我以为你百毒不侵。徐志摩《寂寞人心》之语，用在主持人与观众的关系上，也恰如其分。在电视大片未来的角逐上，制片人、总导演、主持人，对主持人这一角色的认知，决定着节目的结构和品质。

评委导师是公婆与岳父母，选手是和才艺拜堂的新人，流程是司仪，主持人是伴郎。一些迷恋当新郎的主持人，在新的情境里，容易躺着中枪。

3 四大导师 PK 四大偏锋

一场真人秀，

酿造半场评委秀。

真人秀中的他们，

比演唱会更真实，

比八卦人生更具体。

^ 刘欢："我到现在还站在这里！"

A 刘欢，为什么“退出”？

他爱音乐，他不爱听故事。

他一边感性地为学员流泪，一边理性地同节目告别。

2013 年 7 月，第二季《中国好声音》的四把椅子换了两张面孔。一档中国电视的里程碑式节目，没有在第二季留住一位拼尽全力的音乐大师。

这是现实，一个让人匪夷所思的事实。

仿佛一曲盛大的交响乐尾声，突然出现了一个休止符，指挥棒高悬的瞬间，不知道下一个音符将划向哪位乐手的指尖。

他在 2012 年末《锵锵三人行》中对主持人窦文涛说：“我真的身体吃不消。”他也抱怨媒体环境：招来很多莫名其妙，一会儿说黑幕，一会儿学员怎么怎么样，你也不知道这后面是什么人在操作，反正是弄来弄去真的很闹心……

同为嘉宾的许子东教授对他说：烟花爆过一地碎屑，成功是烟花的灿烂，不能因为爆过了有小纸屑，就不能放鞭炮了。

刘欢说：既然决定参加，就要挑战自己。挑战的结果你也看到了，就是极度纠结和被质疑、被黑幕。

要么完美，要么破碎，较真的处女座没有中间道路。刘欢与生俱来的音乐洁癖仿佛是一双被综艺电视毛巾擦过的手，不太情愿地洗了又洗。

冲突之一：故事与音乐

“他们试图想做一些什么，但是经常的这种成功率会很低，因为我们都不配合，制作方只能是尽他们的努力，希望能挖一些故事。这个从制作方来说也无可厚非，他们希望煽情，是在抠饬这个故事。但是有的时候，说实话，我不赞同他们这一点，就是故事是可以有，但是故事不是你做出来的。反正制作方做的那些东西，我们不太清楚。他们大部分、或者说绝大部分都失败了。”

被媒体疯狂转载的他在《锵锵三人行》中的这番话，多少让被好评簇拥的制作方感到尴尬，也让一些诟病“故事”的圈内对手暗自释怀。

美国编剧大师罗伯特·麦基对银幕说：一个故事就是对现实生活的一种比喻。中国音乐教父刘欢对荧屏说：他们大部分、或者说绝大部分（故事）都失败了。

故事，在影视剧本是“规定”，在电视真人秀中，是“假定”。它的突然死亡是一种常态，它的猛然诞生更动人心魄。

导演是医生，导师和学员是助产士。导师探索学员的兴趣决定了“故事”的起承转合，可是对于一位执迷于音乐的艺术家来说，如果执意让他穿上助产士的职业服，承担故事的引擎，显然是一种失策，因为他比任何人更推崇的是好声音。他只穿着圆领汗衫，就能成为导师的定海神针。

但是，这并不意味着抗拒故事的刘欢，可以绕开这间“产房”。

第五期节目中，系着长挂件的周礼虎登台，而带领大家进入故事的正是刘欢——“你能告诉我，你脖子上挂的是什么东西吗？”

周礼虎憨憨地回答：“那是我的奖杯。”这位在爸爸眼里家乡唱得最好的小镇青年，叙述了自己对于奖杯的渴望，并在杨坤和哈林的怂恿下上演了一段颁奖词模仿秀，成为最有喜感的学员。

刘欢下意识地启动了这个故事的按钮，有意无意地亲手接生了《中国好声音》最佳“故事”范本。他不反对讲“故事”，而是反对“故事”大于“音乐”的动机。

他能为丧父不足百天歌唱的徐海星哽咽飙泪，也能为“蒙面女侠”董贞羞于撩开面纱摔帽而起：“姑娘，唱歌与长相没那么大关系，我刘欢长成这样子……长成这样子在中国流行乐坛唱了快30年！也有很多人讲不要看到我的长相。但是没有关系，我今天还站在中国的流行歌坛上！”刘欢食指点着脚下，两眼直视董贞，言语铿锵有力。

事后，这段话让观众席中的刘欢太太卢璐听着有点难过，私下说道：“好不喜欢他这么说自己，什么叫‘长成这样子’？！”刘欢掀下帽子的瞬间，却让无数观众泪花飞溅。他们看到的是一位音乐大师，因为一位陌生女孩的自卑，冲冠一怒，真情喷发，表达了“声音重于相貌”的歌坛励志宣言。

没有得到一个转椅认可的董贞，在撩开面纱之后，得到了比转椅更丰厚的情感呼应，她热泪扑面，双手握住刘欢说道：你就是我心中的大侠！

^ 哈林听郑虹唱歌流泪

^ 那英："我哭也是应该的。"

假定的"故事"穴位，在真人秀的神经系统里，催生出不可预知的人性碰撞，导师的人格力量与文化情怀，决定了人性的高度与价值指向。

它因人而异，它因场而异。

哈林"盲听"郑虹的歌声第一句未完即哭，杨坤"盲听"《春天里》三句歌词立马飙泪，汪峰会对着张赫宣酷酷地说"让我心碎"，那英则抱着多亮无能为力地失声痛哭"对不起，我没能留住你"……但唯有刘欢，只有这位流行音乐教父会对着一个被面纱遮住的女孩，当众摘帽，在几丝恣意生长的白发显露之时，让大众哭。

可是，刘欢就是刘欢，他永远不会被故事牵走音乐的灵魂。激情和泪水，都不是他看重的回味，他从来不认为这些会超越音乐本身的力量。

"我们几次跟制作方协调过，我说你能不能别让人们感觉我们就'嗨'成那样了，流泪啊这些东西。但是他们就觉得这样吸引眼球，观众喜欢。其实我从一个做音乐人的角度上讲，我特别希望他们能够播一些我们四个导师比较专业的给歌手的点评，或者在音乐上的一些指导意见，这些东西不一定就不吸引眼球。"真心实意的话语，与其说是对节目颇有微词，不如说是对音乐有更多的诉求。

当故事超出了音乐，刘欢的音乐洁癖时刻警惕着自己被娱乐污染。他认为："故事"

应该锦上添花，而绝非喧宾夺主。故事的讲述也要顺其自然，水到渠成。而对于音乐和娱乐的干杯，刘欢是浅尝辄止还是开怀畅饮？对于娱乐精神，尤其是电视的“娱乐精神”，他的见解更为独到：“所谓娱乐精神，应该是娱乐的高级趣味，低级的或者不高级的只能叫娱乐，与精神无关。我具备娱乐精神。”

娱乐并不可耻，它擦得了眼泪，也经得起心跳。但是它对音乐的侵略，却是刘欢心里迟迟无法拧干的毛巾。

冲突之二：取舍与平衡

当导师从放下身段争抢队员的互掐喜剧，进入到淘汰学员痛下杀手的悲情，对节目来说是程序，对刘欢来说是受尽煎熬的魔咒。刘欢在四位导师中

∨ 刘欢哽咽

最为纠结痛苦，似乎每一次面对学员的选择，都是套向他颈脖的绳索，一步步把他勒向绝境。

一方面，他游移在主流口味和独立判断之中。14 进 7 时，他趋众顺拐：19 岁的“中国阿黛尔”郑虹以自己的短板国语歌力拼人气王李代沫遭弃；一首销魂而撕裂的《暗香》，哑嗓刘振宇也不敌大嗓刘悦。即使三宝大加赞叹嗓音如沙漠风啸般撕裂的刘振宇“声音太独特了，你是很久以来少有的让我想要为一个歌手写歌的那种人”，刘欢依然选择留下刘悦！而在 6 进 3 时，刘欢的选择又显得特立逆挂：小众袁娅维胜主流刘悦，哀兵权振东熄火偶像王乃恩。

另一方面，他在抉择和圆融中难以平衡。当纯音乐专业判定难分伯仲之时，其感伤纠结的状态更深刻地反映出内在的文化冲突与守恒。刘悦在现场“完爆”一分钟高音震撼全场，他着力呵护袁娅维的小众爵士；王乃恩获得更多关注人气，他却说服自己弥补权振东的独孤求败。

他所表现出的纠结，诚如观众的理解：刘欢组学员实力强悍，善良而惜才的他，总希望助力他们都能抵达更好的音乐前程。

他对记者坦承：“当时认为赛制这一部分不太适合中国文化，曾经有所顾虑。中国奉行中庸之道，万事和为贵，大众对这种‘自相残杀’很难接受。但原版模式就是这样，所以我们只能尊重原版，调整心态。”

当名人们在说：欣赏艺术的时候，道德观需要短暂缺席，不然就是纯粹和自己作对。

刘欢则说：人都是有感情的，这些队员都是你亲自挑来的，你怎么可能轻易割舍。

终极考核之夜，导师休息间隙，因流泪而眼睑浮肿的刘欢脸色苍白，“我一夜白头啊！”目击刘欢在休息室里喟叹，工作人员也无以表达任何字句。导师独立支撑大局的状态，已经不起一丝风吹草动。默默看着他走下去，涂炭生灵，或拯救无辜，皆在心念。

视如己出，投入真切，未被电视操练过“绝杀”的音乐家，面对表现完美的学员，取舍，是他心头的伏地魔，而节目组没有提供哈利·波特的神器。

难忘的场景之一，观众席里刘欢太太卢璐泪流满面。她既惋惜队员们的离去，更心疼丈夫的痛苦，平时她不希望看到在节目中的刘欢多愁善感，而此刻却无法上去拥抱瞬间无助的丈夫。

“……两人都很出色的时候会特别难以取舍，只能咬牙忍痛割爱，那种痛不是人们能想象的。”他说。每场你死我活的战争，不在学员去留的表面，而是深嵌于他内心的价值观对抗。在10轮学员的考核甄别中，他完成着确认自我的艰难跋涉和救赎，信念与坚定在情感的稍纵即逝后抵达彼岸，以不受舆论、人气甚至负面传闻左右的评价，表达他签约时加入“不能有任何的方式来左右导师的判断”条款的诚信。

冲突之三：音乐与人性

他既是中国流行乐坛的顶级大腕，又是秉承教师身份的知识精英，知性和人性，在生活中可以毫不费力地取得平衡，但在真人秀的机制里，则被迫陷入了自我和超我的人性冲突。

罗伯特·麦基写下的“危机”原理是：主人公在此如何选择可以使我们对他的深层性格——其人性的终极表现有一个最深刻的认识。

而刘欢对自己的学员谆谆教诲：碰到任何困难，把音乐的事想得大一点，都能过去。“音乐大过天” 无疑是他的人生格言。

在真人秀评委“音乐”和“人性”两条河流里，他不允许自己在后面的那条滞留太久。也许每一次流泪过后，都会让他更加反省自我，是否被误读了音乐家的身份？一个走心的艺术家，感性的本能使他难以回避舞台上显露的人生触点，而音乐权威的纯艺术范式，让他更愿意固化其专业领域的绝岭雄风。这种执着，有时放大了对音乐纯粹捍卫和真人秀人性观照之间的对立。

而电视真人秀，以音乐或其他竞技作为载体，其最大的本质就是在摄像机全景关照之下，对人性的关怀与施暴。导师和学员都是参与模式机制的一分子，在规则和场景中浓缩人生的残酷与感动。

极致的真人秀的冲突，甚至就像刘欢在压力之下的“蛮拧”，在感性和知性博弈的悬崖上，以关怀释放残酷，以撕裂刺激感动，以取舍告慰圆融，它是董贞们的面纱，亦是徐海星们的稍纵即逝，王乃恩们的无语下蹲。

人性是音乐的天籁，音乐是人性的江河。在任何艺术门类中，有太多的能工巧匠匍匐于技术的脚下，而唯有站立在才华之上的人文情怀永远熠熠生辉。我想，有一天刘欢会发现，从来也没有一个节目，能把他的情怀展示得那么充分，从而使他的音乐更有说服力——恰恰在他看似对音乐不够讲究的综艺电视里，比万人演唱会和音乐课堂，更广泛、更狂热地传递出他对音乐的忠诚，那份极致的忠诚。

一个执念于自我音乐天地里闲云野鹤般的音乐家，是应该尊重的；一个置身于公众视野拷问音乐未来的刘欢，是有生命力的。

︿ 气场强大的刘欢

∧ 面临选择，刘欢痛苦地捶椅

也许，他更应该承认这样的现实：人们记得 2008 年奥运会上的《我和你》，未必是他比常石磊更具洞穿心灵的天籁之音，而是穿着黑色汗衫的他在莎拉·布莱曼白色精致礼裙边的气场——五年前，他已证实比音乐更大的人如何站立。

现在，他把试水电视的汗衫丢了？

或者，他从未将它穿上音乐的身体？

有一种放弃叫占领。灿星制作的高层终于读懂了他的“退出”，是对音乐的坚守。面对这位既骄傲又随和、既脆弱又坚定的导师，他们拿出了一个为华语原创音乐而设的《中国好歌曲》，于 2013 年四季度接档第二季《中国好声音》，以“真音乐”之源头活水接力“真声音”，制作方对华语词曲创作人音乐源头的关照与担当，最终打动了这位导师对音乐本体的回眸。

曾经，“千万次的问”原创力量何在？而今，刘欢为《中国好歌曲》“从头再来”。

8 那英，天后“二”了?

价值 80 万的红色转椅上，戳上了她的高跟皮靴。

她义无反顾地站在上面，左右摇摆，振臂欢呼，为爱徒梁博在“巅峰之夜”的压轴一唱助威。

这幅图如此出位，却又那么顺理成章。放眼华语歌坛，你找不出任何一位女星，可以整出这样的姿态打开自己的公共话本。

一姐范式，二类表达，她的别名叫“那二英”。

多年来，综艺节目不乏女星客串评委，这个夏天出现的那英，空前绝后。她比在深圳卫视“金钟奖”中的李谷一更晚，比在央视出现过的韩红更声势卓著。她并不擅长讲话，她本能的话语方式，就像在《康熙来了》、《超级访问》里的东北大妞“唠嗑”。

选择最强势的真人秀节目开始处子秀，那英惊人一跳；跟着刘欢签约，是一脚踏入电视圈的“随份子”吗？欢哥是吃“开口饭”的教授，她呢？导师的概念将如何被一个胆大的生手重新定义？顶级电视真人秀的模式又如何被她的个性逆袭？

她成功了。

模式的内在机理是第一推手。“好声音”中导师和学员互相选择，像法庭上的控辩双方角色互换，转椅上的导师，不再是大权独揽的审判长，还要互搏对掐，他们必须放下身段使出招数“抢人”。模式设计激发了以歌声赢掌声的歌星，去操控另外一个话筒，等待被选择的局面。这种情境之下，他们的肺腑之言和即兴互动，逃脱了预设的布控，即便不是巧言令色的演讲者，却也要成为自动修复笨嘴拙舌的强者。

个性的自由表达是第二砝码。在她之后，徐静蕾玩票《中国达人秀》，章子怡试水《中国最强音》，一线女艺人从此不怵导师评委席。韩红“满血”撑场《中国梦之声》，霸气有余，细腻不足；韦唯、孙悦出现在《我要上春晚》，闪烁其词，力不从心；章子怡虽渐入佳境，却也显得委曲求全；老徐知性有余，未必享受娱乐……是的，这些出现在中国荧屏上的女星们，都不

︿ 站在椅子上的那英

像伊能静那样能哭能笑，收放自如，可惜她又太过职业敏锐。

唯有那英自由张扬。她热情，也不掩饰憋屈；她抬杠，却也懂得撒娇，爽气而不霸气，大气而不匪气。对待下一个学员，你永远不知道她要闹哪样。

“二”的文化是核心定位。 她在实名微博介绍自己是“中国流行乐天后”，她把自己的学员队伍取名“小二班”——二，成为她最鲜活的个人昵称。从那一刻起，她将自己的锋芒与性感恰到好处地安置在自得其乐里。她“二”吗？从言行率真、不计后果的成本来看，够“二”；从自封“二”主、以退为进的格局来审视，够“一”。

录制第一天，她就不按常理出牌。在音乐的煽动中，这位歌坛大姐大似乎并不适应离开璀璨的舞台中心，乖乖地坐在一张椅子上同按钮练手。“盲听”黄鹤，她在最后一秒转椅，发现这个女孩光脚。

“光脚唱谁怕谁啊？”她自告奋勇地上台，居然是要脱下厚底坡跟凉鞋飙歌！半首《征服》，全场升腾，刘欢也禁不住起立鼓掌。现场观众首次目击“光脚天后”放歌，导演们惊讶初次尝新的大腕居然自动给料！太多的明星大腕，即使在导演要求下给予平民才艺互动，也习惯当作某种施舍或者通告价格实现的一部分，而不似那英这般，轻易地主动开嗓。“没底气啊，没劲儿啊！”唱了一段后，那英自认气息不足收工。

这一桥段改写了综艺荧屏历史：明星导师在学员面前“愿赌服输”，身为“天后”居然没有要求制作方后期删戏。

这番“二”式冲锋也让现场的老外顾问大惊失色。刚落户中国的版本怎么变味了？模式在下半程才有导师献唱的桥段，在中国第一场录像就出现这么无厘头的招式，是中国导演的永远甩不掉的综艺包袱吗？当他们得知是导师主动而为，也只能作罢。

但是那英没有就此“安分守己”。录像第二天，她应台湾盲人歌手张玉霞之邀，又合作了一曲《征服》；第三天，她又上台和怀孕准妈妈齐雯演唱了一首《不管有多苦》，把这位膜拜自己多年的选手，哄得高高兴兴离去。

一而再，再而三，难道她是刻意讨好选手吗？

一曲《白天不懂夜的黑》响起，那英却陷入颤抖挣扎。无人转椅，“盲听”到最后一个音符，四位导师集体转身，而这个场景却与其他三位男人无关。

对峙的只剩她们：流行天后和那英的“御用和音” 王崇。占据舞台主角的大腕，面对阴影处的声音配角，那英，将如何跨越这一时刻？

无人可以插手。

“我以前只叫你妞妞，现在才知道你叫王崇……”转身之前，那英已热泪盈眶。面对绝望的妞妞，她的拒绝，等于亲自把这位渴望站在“白天”的女孩，再次送回幕后的“夜”里。她不是“不懂”妞妞的渴望，为了避嫌，也为了坚持，那英从未接纳过模仿自己的声音。

“我不能拍她，观众知道了我们这层关系，一定会说三道四。”

可是她为什么没有去想，拍下她，也能成全“凡人明星梦”的美名？她是否可以借这个舞台出演“和谐一家”？那一刻，那英的选择，是用更大的勇气拍下一个承诺，“有一天一定带着你在台上好好唱一首。”一个月后的9月8日，在“那二十年”巡回演唱会上，那英隆重介绍妞妞出场，第一次以伴唱身份为自己的“御用和音”撑台，在《白天不懂夜的黑》里，将妞妞的“夜”转化成奇迹的星河璀璨。

该退则进，该进则退，从“一”走到“二”，再从“二”翻转“一”，她的“有情有义”和“我行我素”像一对彼此撒娇的恋人，既和谐共处，又张扬跋扈。节目所有的互动，都是在转身后展开，她在三天里已揽下大半额度，为此制作方不得不从原定12名学员追加到14名。

2012年8月，第一阶段录像完毕，已逾凌晨两点。总策划田明让制片定好了夜宵宴席，和导师们商议下一阶段学员训练等事宜，当三位男导师自己暗下盘算时，那英就像个玩过头的孩子要交作业般抓狂，对接每位学员的资料，开始有了被14位学员急速“绑票”了的大义凛然。这一晚，导师们各怀心思、面容憔悴地和助理们排队走出休息室，疲劳录像以后的首轮庆功宴落空，那英的“二”，也转战到了第二幕。

她带着学员去看汪峰演唱会，在“音乐成长教室”里悉心调教，她还推掉所有商演在上海滞留两周。之前，她也通常在后台，当助理无法挡驾时，她苦口婆心地安慰对方：“我对不起你了，我错了，可是我哪能把自己的学员扔下不管呐？我走了，把他们晾在台上怎么办啊？对不起你们了，我错了！《中国好声音》太过分了。”

^ 那英脱鞋和光脚黄鹤飙歌

^ 那英和张玉霞合唱（上图）

^ 那英对着被她拒绝后的妞妞（下图）

更为“过分”的是她的“二”式语录：“如果我年轻 10 岁、20 岁，我就跟你走了。”李代沫和郑虹对唱一曲《如果没有你》方罢，她对李代沫的这般称赞，把主场考核的“纠结帝”刘欢惊得从椅子上下来，无奈地摇头叨叨：“那姐这次是动了真心了。”而一旁的哈林继续挑话：“李代沫怕你呀？”那英不怵：“我怕他呀？他的声音感染到我了，我要随他的歌声而去！”没想到下一轮的李代沫，唱失了一首《我怀念的》，找不到北的她却并不后悔自己是否有失“师仪”。

へ “那二英啊！”

“二”的极端之作出现在导师考核战。因意外媒体团打分结果，她对媒体评审团直接呛声，在堪比大型新闻发布会的 99 席阵容前生气。那英的偏锋在于，她既天真地希望和媒体共舞，又在失算后就地情绪打滚。她给多亮 52 分，张玮 48 分，两者仅差 4 分；而一旦发现媒体过度偏爱张玮，并接连导致张赫宣和多亮出局时，便不由自主地完爆自己的失落，与媒体评审不合的新闻一度甚嚣尘上。

但是不出 20 个小时，在哈林队主场考核之时，她又翻然悔悟，主动示好。“我是个嘴特硬的人，我不愿意承认……我之前没有发现媒体的闪光点，不是你们不好，是我自己没把歌选好，我本来能把他们调教得更好的。”那英向媒体席鞠躬，“我唱歌20年，从来没参加过这类节目，完全没想到参加这个节目这么纠结，简直就是挖了个坑把自己给埋了。”这番话让众人猝不及防，被莫名“抢戏”的哈林不得不摇头叹息，更因为这位女导师完全忘记了现场的观众并未见证凌晨发生“过节”的插曲，而她自顾自地开始时空挪移，即席为自己的心态杀青。

哈林直呼：“你是挖了坑又立了碑……那二英啊！”敢于和媒体对掐是她大胆的“二”；直接翻盘，更是敢于自我否定的实诚之“二”。

她冲锋，但不至于失去阵地；她较真，却又懂得适时否定自己。她最不按常理出牌，却又是最懂得游戏规则之人；在大大咧咧的后面，用更大的智慧为自己补台。

“二”是那英的一把双刃剑，它能割伤自己，也能让伤痕变成花瓣。

从Web2.0过渡而来的“二时代”，正在和中国“二文化”的土壤黏合，中国方言口语中的“二”已迅速突围，它从讥讽他人走向调侃自我，并比任何网络流行词的寿命更长，成为跨阶层的集体无意识。

它是“二百五”的简称，是傻缺、跑偏、可笑的代称，它做“一”的陪衬和垫底，是主流的边缘、引擎的底盘，是强光后的微光，是次等和替补的度量值；但是，更多的三观（人生观、世界观、价值观）已经和“二”主动言和，使它在会心自嘲之后，在那英身上突显亲和的性格魅力，成功翻转了不登大雅之堂的“贬语”标签。

一个一味仰望“一”的民族是功利的，一个懂得欣赏“二”的社会是健康的。挑战精英、反思权威、模糊等级、返璞归真的意识是当代世界文化的潮流，也是在当下中国语境里的自由落体。从奉行经典的《纽约客》在蒂娜·布朗手里成功地和通俗娱乐串味，到韩国鸟叔《江南Style》成功逆袭全球流行音乐；从伦敦奥运会国人开始聚焦冠军之外的败者和全民健身，到用“职业精神”赞美杭州救人司机吴斌；从还原日记背后的雷锋，到为柴静摘下“女神”标签“抵达”更立体的《看见》；一切都在证实萦绕在国人半个世纪的理想主义“一”度光圈已不堪重负，高大全式的“一”线楷模也已审美疲劳。在激进与虚无之间，整个社会的价值观和审美态度，开始表达对英雄崇拜和完美主义进行反思、挑剔，甚至自嘲。

时代造就了“二”的生存方式与境界。它没有与“一”争锋的尴尬，却在接地气中自在；它是可以回旋的张力，越挫越勇的“浑不吝”，也是自我妥协的胸襟坦荡。

这就是“那二英”的导师哲学。身处三位男性导师的悬崖峭壁，她既不忐忑刘欢的专业，也不惧怕哈林的古灵精怪、杨坤的熟男感性，该说说，该乐乐，该怒怒，想哭就哭，任性而不自负，真情却不矫情，成为心理最为强大的异数。

听黄勇和梁博的《北京北京》时，请来助阵的汪峰的手背被她掐出深深的指印；折腾过后，媒体集体对她呼喊“那姐爱你”；盛典之夜，她对梁博放言：“我做的最对的一件事，就是拍了你！”对这位即将成为“年度好声音”的 90 后男孩说，“咱以后不唱《征服》了”……

是的，没有一位入行 20 多年的天后敢于这样和这个时代飞吻。

一个在音乐态度上勇于切割自己的歌者，不可征服。这个霸气的女人似乎有一种天然的悟性，将所有的喜怒哀乐顷刻化作自豪的能力和资本。

左脚踩着把手，右脚支撑，她站立在炫目的转椅上，煽动起狂欢夜里最酷的一道风景。

不装，或者装出了自己，那样“二”，足矣。

C 哈林，娱乐神经毁了？

他试图走出导师休息室。

户外音乐沸腾，灯光如昼，掌声咆哮，中国好声音“巅峰之夜”的前戏已经引爆上海八万人体育馆。

直播倒计时45分钟。

他应该有15分钟可以脱离气氛稍嫌凝重的导师空间，去看一看他的学员是否靠谱。吴莫愁今晚首次出征大舞台，她20岁的音乐人生将要面对最激烈的证明，她会不会被排山倒海的阵势吓倒？或者，一周以来的网络嘘声已经让这位20岁的女生畏惧？

打开了门便没有了路。走廊里挤满了伴舞的舞群，蹲着的、靠着的，摩肩接踵。刚跨出去两步，几十双眼睛带着唧唧喳喳的议论哄了过来：“哈林、哈林出来了！”脚下，已没有通途。

四大导师携四名弟子今夜决一雌雄。东西娇娃吉克隽逸、清新摇滚梁博、沧桑文艺金志文，另类前卫吴莫愁，谁将成为“年度好声音”？这是2012年中秋节的最大悬念，也是这个夏天最疯狂的高潮。他想在上台之前再对她说一次“有事，都归我”！他不知道在即将播出的师生VCR里面的话，是否简单得只是一句台词？

《让我一次爱个够》、《改变自己》、《流星雨》、《一个人的生活》，是吴莫愁准备的四首歌，谁也不知道她有没有机会全部唱完。

一首歌，就是一个站点；一种结局，却未必指向相同的命运。

就在今夜。

“唱歌哪有好不好！只有喜不喜欢！只要你喜欢就是好声音！听歌不就是个‘爽’？！”一个月前，当他大声喊出了“爽”字时，这个音乐理念是否来得太晚？节目噌噌噌地进入了第二阶段导师考核战。他评价梁博：“我还是觉得听梁博的比较爽。”他力挺王乃恩：“我觉得，听他的比较爽。”而在这之前，他的导师意识甚至比杨坤启动得更晚，还沉浸在港台综艺范式里插科打诨如鱼得水。

∧ 哈林在欢呼

他曾抱着李代沫的光头吻一下，为他送行。

他看着张玉霞说：上天帮她关了一扇门，却又帮她开了一扇窗。

他感觉邹宏宇：他唱歌的时候声音里有一种“死相”，会魅惑大家，这就是一种好的“死相”，死不死相？！

他为王韵壹送行：舞台上的小巨人诞生了！

评点是机智，但也只是取法台湾《百万大歌星》顺延其综艺惯性，生动有余，内力不足。

更为搅局的是，每当现场进入悲情哭戏，他都是最积极的破坏王，第一时间摆出娱乐的大条神经搞笑逆转，执意以台湾综艺大咖的职业精神将大陆的泪弹生猛截流。

他会对失声的杨坤调侃。

他背对着郑虹军见飙泪，却也嘲讽自己“冷气太干啦，我这是鼻涕倒流啊”。

他甚至不管刘欢正在为学员垂泪，继续讲话以示控场能力……

但是终于，他的耳朵开始插电，他的毛孔已经冷峻。

评点吴莫愁的《Price Tag》，他的精准直逼大师刘欢——“选快歌其实是危险的，因为没有办法表现出声音的动态，她有粗、细、假音、强、弱，音色很特别，你没办法想象一个东方女孩可以唱出这种音色，最后一个音很厉害。”

他的音乐直觉与专业敏感无缝对接，貌似随心所欲，却无懈可击。

他迎来了绝地反击。学员队伍收编完毕，他成功拽回了一度游离在外的、那个叫做“哈林”的音乐之魂。

“音乐成长教室”训练队员阶段，“摇滚探险”的音乐主张开始抢道。他写道：我的音乐旅程是一趟魔幻冒险之旅！从最早的摇滚，到1986年第一首华语饶舌歌，还有接下来的各色音乐探险中！我发现摇滚不只是一种节奏强烈和狂野嘶吼的曲风！更是一种淋漓尽致、进行到底的态度！

他将导师考核的主场演变成一场爆棚的摇滚音乐会。舞台+人的浑然一体，才构成哈林式的音乐表现。当王菲的《我愿意》变成两个男人互飙的摇滚，《站在高岗上》、《对你爱不完》、《一样的月光》一串经典老歌都被飙出嗓音和身体的激烈，让初尝摇滚改编的电视观众集体慌乱。姚晨微博表示他们在唱“我不愿意”，“表现太夸张，削弱了音乐本身带给听众的感动”，这样的言论也通常见诸报章。

舞台表现力的外部宣泄，是否冲淡了好声音内在情感的感动？

而哈林要的，正是颠覆传统视听的感动和自由分享的音乐态度。

“我喜欢李代沫无为而治的唱歌态度。”当徐海星即将完胜李代沫时，刘欢、那英、杨坤摇头，谁都无力拯救破绽明显的李代沫，只有他单刀力挺。因为他觉得音乐态度，比一时失误的歌艺技巧更加重要。

“她的唱法是一个极具破坏性的唱法，任何的歌都会被她摧毁，重点是摧毁以后可以重建，那至于重建成什么样子，见仁见智。”当吴莫愁唱罢一曲《痒 + 天涯歌女》，刘欢表示“听不懂”，哈林气定神闲、举重若轻、铿锵有力。为了打消大家对吴莫愁音乐能力的怀疑，彻底为爱将保驾护航，他当着媒体评审的面继续加码：“选她，我压力特别大啊。我有一个小小的请求，因为我最近也在录专辑，里面有首歌特别适合我们合唱。你愿意吗？”

莫愁：I do！

哈林：You do？ I do Too！ Ladies and Gentlemen，this is MOMO 吴！

（你愿意？太棒了！女士们、先生们，这就吴 MOMO！）

师徒两个嗨到即兴起舞。哈林队挥洒的不止是一种癫狂，而是音乐理念的颠覆。全国收视率在这一期破了综艺纪录 4，非议也纷至沓来，刘欢大呼“听不懂”的桥段，更掀起众人对吴莫愁的争议，欣赏与拒绝，站成两大阵营。

爱的爱死，愁的愁死。没有中间地带。“那个莫愁可真丑死了，真心难听，听她唱歌太累，现在知道了摇滚就是一个喊，扯着嗓子嚎！”半夜听吴莫愁唱歌“把孩子吓哭”！吴莫愁诡异出位的唱法中西交错、颠覆正统，无法得到另一部分捍卫传统音乐的耳朵认同，看似洒脱的小魔女也私下对导演宋静表示：“不敢再看微博了，你们和哈林老师挺我，真勇敢”！

直播倒计时 30 分。

哈林第二次打开门，试图通往学员化装间。

走廊里，簇拥的人更多了，这群舞者，也许就是将为《改变自己》伴舞的年轻人，他们的沸腾，已经提前把这条走廊变成了兴奋的音乐大篷车。他没法穿越这么浓密人群的拥堵，去找寻方向盘的座位。

他知道全队都在为饱受压力的年纪最小的女生加油，他只想和他们一起再做一个“Rock”手势。在这一季节目的终点站，他终于彻底抛弃主持综艺节目的所有经验，在卖萌帝的60后面孔上，找回了自己“18公岁”的意义。

远远地张望着通道尽头，人潮涌动，穿梭不停，他仿佛看到这个年代，时光倒流。

18岁。被台风淹水的地下室，他的音响、吉他都在里面，他下水差不多到腰，一路跋涉，摸到音箱拉着电线拖出来了，又去打捞被脏水泡在盒子里的吉他……他听见有人在说这很危险，搞不好会触电死掉，他心里在想：我这一辈子，如果我的这个生命没有了，谁还管你触电。

永远的18岁，18公岁。

“刚出道时，大家说我是地下音乐，我困惑了！后来，我的音乐慢慢被接受，又开始羡慕别人的销售量大，传唱度高。最后，我终于知道这是宿

へ 哈林标志性的 Rock 手势

命！注定要玩这些音乐才爽！所以我想通了，如果不能第一！就要唯一！这些年我一直照着直觉做音乐！在《中国好声音》亦然！择我所爱！爱我所选！未来！你们会看到！”

一周前，哈林在10个感叹号下，继续祭出了简单有力的音乐理想——“不能第一，就要唯一”。他选择了吴莫愁，即使摧毁了主流音乐所接纳的“第一”，也要呵护新锐前沿的“唯一”。

倒计时15分钟。

导师们走向舞台下的座椅。马上，每位导师将携弟子出场，哈林将走向舞台和吴莫愁会合。

15步。这个距离比听《Price Tag》时遥远，比听《痒＋天涯歌女》时直接，比听《爱是怀疑》时清晰。他们从不同的位置出发，经过不同的通道，他们即将在轰轰烈烈的音乐中会合，共同“破坏”一曲《让我一次爱个够》，玩味他在1989年的音乐。

“我来《中国好声音》就是为了寻找吴莫愁这样的人出现，她是上天赐给我的礼物。感谢吴莫愁的出现，她激发起我当年那种对音乐的勇气和坚持。”大屏幕上正播着师生VCR上他的独白，等待他们从舞台底部升起……

世界已经太寂寞

我不要这样过

让我一次爱个够……

“我现在有一个梦想，就是可以坐着朋友的大篷车到所有地方玩音乐、唱歌，这其实是我出道之初的梦想，但因为当初去追求名利没能实现，是莫愁让我重新燃起热情，她刺激到了我——也希望今晚，能够刺激到你们。”

这是一个叫作哈林的音乐顽童第一次那么正经地说话。那一刻，他的娱乐神经已经被摧毁，他不知道自己的气息为什么那么紧张？他不知道自己的凝重来自哪里？

他的右边站着主持人华少，他的左边站着第一次穿红色长裙的吴莫愁，无数屏幕正在直播他微微颤抖的面容和嘴唇……

他知道，他终于从容地穿过那个拥挤的通道，那里有一个出口，叫未来。

D 杨坤，40：60错了?

平安40分，金志文60分。杨坤为两位学员的对决，打出了20分的落差。

大多数观众认为杨坤厚此薄彼，对平安不公。同时爆出他和金志文、关喆是“小兄弟”的传闻，更使他之前感性真诚的形象轰然倒塌。

自节目开录，杨坤便遭遇危机。节目播出第三期，观众就开始非议他收徒太水。旗下14名学员中，平安、伍佳丽、倪雅丰、汪洋、周礼虎、黄一、尼克半数学员，确实是由他一人转椅拍下收编的。这位北漂歌者身为音乐导师，首度遭遇了“专业性”的质疑。

他是为了给更多新人机会、行善拍下“不会唱歌的人”? 还是抢人失败、退而求其次?

2012年7月28日，他顶住压力发出微博：这是一档音乐评论节目，它不是比赛，更不是选秀，它是承载希望的舞台，我想让更多有音乐梦想的年轻人得到一个离梦更近的机会，也许他们不完美，但有潜质，我也曾漂泊追梦，深知不易！让我们用欣赏的眼光来看他们吧！

这段内心独白赢得了大量网友，微博首次破15000多次的转发，粉丝数目急速扩张。“我并不觉得他们唱得不好——我恰恰是看到了他们声音中更多的可能性。”杨坤对记者谈到。当现场观众为平安的《我爱你，中国》沸腾时，四位导师却按兵不动，在最后20秒，杨坤果断拍下明显不属于自己风格类型的平安。正是他的毅然转身，打捞起当时即将被埋没的好声音，一个公众认可大于导师偏好的“好声音”。

两个月后，平安没有成为他的“平安符”。杨坤在获得暴涨的“32郎”人气后，遭遇了第二场声势浩大的信任危机，至今未能全身而退。

导师考核战，现场99位媒体评审团给了平安51票、金志文48票，揭晓杨坤的40∶60，观众哗然，一夜之间，聚集在他微博下忿忿不平的吐槽者逼近10万！

杨坤不惧骂名，第二天，他在微博自比岳飞——“人人都想当岳飞，我杨坤更想当，而且从未改变过，可一不留神被污蔑成秦桧。伤心是肯定的，突然觉得如此渺小，如此无力，甚至连想替自己说句话的能力都没有了。不过我可以面对，也必须面对，我既然想做岳飞，就一定能背得起被秦桧这个骂名。”此语再度引发了逾10万网友声讨，在他微博下发飙和力挺的网友对掐冲击过了20万次，空前绝后。

一位网友写道：“我会为平安被淘汰感到郁闷、不爽、惋惜。但是不会为此极度愤怒，当晚我看到杨坤40∶60的评分愤怒了，马上不看《中国好声音》，马上上网骂杨坤，这次是我这个10年网民第一次上网骂人。”

也有网友分析道：“他因为丁丁的低票数，因为平安的99票彻底失控了！他如此感性，也如此刚愎自用！有仇必报……他过去的经历太心酸了，好不容易熬到了今天！他不想再像以前那样受人摆布，仅此而已！他要自己掌握自己，但是他却用别人的未来来替自己出气！……说自己是岳飞，其实更像张飞！真的，你挖了一个巨大的坑，自己跳了进去！”

第一位网友认为，可以接受平安被淘汰，但无法接受杨坤给出如此悬殊的比分；第二位网友的意思是，第一轮媒体给出丁丁33票、金志文93票、平安99票，使杨坤加重预防媒体在这一轮青睐平安，为保住金志文用力过猛，造成张飞式的莽撞失策。

平安的粉丝不到100万，远低于杨坤的280万，参与评论的微博用户，有一半不是平安的粉丝，这也证明了杨坤的选择，被激怒的是公众。这场和媒体评审团心理博弈的最终，杨坤成为众矢之的。更为讽刺的是，平安被淘汰后，他在该组导师终极考核中所唱的《洋葱》在百度音乐排行榜首居高不下，这原本是很多公司力推新碟新歌新人“一日得度”的满分位置。

“批评的人不止20万吧，我要不关这个微博，估计得32万。”两周后，杨坤做客《非常静距离》时坦言：“……我把它（微博评论）关了，真的抵挡不住。”他解释道：“在我的理解，平安在唱歌里面缺少了一些感情。他唱歌时除了他有一个非常华丽的声线以外，我想要的他没给我。……到现在我心目中的偶像、我的偶像、我的冠军，也一样是金志文，我不可能再去出卖我自己了，我宁可去背这个骂名。”

杨坤这段话让人听出了“前车之鉴”。其他导师考核，那英眨眼间痛失爱将张赫宣、多亮；刘欢队徐海星遭遇罕见的低分出局；哈林因为一分之差

^ 杨坤的 40:60

丢失金池的默默饮泣……三位导师都在被媒体拿走一半判决权时所经历的尴尬戏份，快意恩仇的杨坤不想重现。

“导师的作用是什么？导师是不是有一个个人喜好的问题？”杨坤的设问坚壁清野，他不想当刘欢那样的平衡大师，更不愿意和那英那样，分差太小导致被媒体评审控盘。既然他锁定的得意门生就是小文，那么就要把分数给绝。

他的主场不需要纠结与后悔。

喜欢金志文胜于平安，这位 70 后导师自始至终没有回避。那么，他的选择到底出于兄弟“交情”，还是被声音打动？

主持人戴军曾经爆料杨坤北漂时的一个段子：刚来北京时租房在八大

< 率性的杨坤

处，每天夜店收工，回家路上得走一个多小时。有一天，收工已半夜，出了夜总会外面正在下大雨。一听要去八大处，看坤儿面又不善，所有司机都拒绝。在大雨中站了 40 分钟，坤儿冻坏了。这时又来一面的，坤儿哆嗦着问：师傅，八大处去不去？司机同情地说：去、去。

笑话背面道尽辛酸。八大处是杨坤刚去北京发展时看女友的地方，那时候他每天唱歌挣到 100 元却会花 80 元打车。1994 年的杨坤从呼和浩特到了北京，唱歌、失业、再唱歌、再失业，跑遍酒吧，没有稳定的收入和住所。15 块钱的地下招待所住过，也创下搬家 50 多次的纪录。他梦中的唱片，在拼搏了 8 年后终于实现。

2012 年 7 月 28 日的凌晨，第二批录像结束。在华东师大体操馆导师休息室里，杨坤谈起一段北漂最艰难的岁月。有一年冬天，他跟其他歌手去一个大厦唱歌，活动散了以后，自己没地方可住，就耗在大堂沙发上。等一批批歌手乐队散尽，人去楼空，门卫也轰他走了。而那一晚，他不知道自己去哪过夜。直到有一辆车掉头开了回来，两个演出的朋友招呼他上车。原来，在他们离开的时候看见杨坤坐在那里，感觉到他没地方可去，一位朋友一路想着这事，快要到自己家时，没法忍心，把车掉头开回那里，把杨坤一起拉到他们家住下……

这就是他记忆深处最寒冷而温暖的冬天。那个冬天，在他声带沙哑里作痛，在他机车狂飙中飞沙走石；在转椅背后的《春天里》的撕心、在倾听小文《为爱痴狂》时泪流满面。“听到了太多的不如意、太多的委屈，加上这么多年的奋斗，他们就缺这样的舞台……”这位硬汉的哽咽失声属于那个冬天。

北漂，是他心底最柔软的伤疤，金志文，就是当年苦捱等待出头之日的他。他能瞬间代入“小文们”10 年的煎熬，却无法眷顾知青子女平安的美声突围。

杨坤的分数，只为预先架空媒体投票；而当他们并未失之偏颇，他却显得剑走偏锋。内向、压抑、自闭、焦虑、痛苦、狂躁……那些曾经的多愁善感，让他经历了 2002 年《无所谓》成名后的低潮。2005 年杨坤患上了抑郁症，直到 2007 年才重新出发，走过阴霾日子的动力，让他执拗地以“敢做敢当”书写最彻底的人生。

他是穿着皮夹克飚着机车的战士，像孤独的狼一样嘶吼自己的天地乾坤。

有的人说杨坤选择的方式，证明他是四位导师中智商最低的；也有人认为，这才证明了他最真性情。理性和感性博弈，自我和超我徘徊，或偏激或守恒，他们的犄角，在经验和怀疑中寻找方向。

40 : 60。他以最坚持的自我，去撬动最公开的杠杆；他用最坚硬的决绝，去护卫最脆弱的相似。

4 收视率 PK 广告

广告和收视率是一对极品恋人，
男的“高富帅”，
女的“白富美”，
他们互相追逐又患得患失，
彼此被捆绑住左右脚跑向终点。

A 被投诉的电视广告

26个机位、12小时的录像、1000分钟素材带、500人的工作团队、80万一把椅子、国内顶级乐队、北京奥运会音响总工程师……按照国际高标准制作900万元一集的录制成本，相当于一个国内电视综艺节目一季的费用，注定《中国好声音》一经亮相，就在“The Voice”的国际名义下，咬着一个红色的本土饮料罐头。

首期录像时，观众席中有两位姑娘与众不同，她们目不转睛地紧盯着哈林座椅扶手上的那只罐头，并不在意他的“话痨”和搞怪表情；当学员开唱的时候，她们的视线习惯停留在右前方那块不太稳定的品牌显示大屏。的确，她们是最不需要启动音乐细胞的特别观众，作为冠名商加多宝的员工，她们带着老板砸给一个新节目冠名6000万的疑虑，监督着现场每一处细节对权益的履行。

一个月后，深刻植入在《中国好声音》中的“加多宝”的视觉效果和“噪音”，让她们变身为现场最快乐的“志愿者”，成箱赠饮的罐头有序地放满休息场所，她们轻松欣赏节目并让其他蜂拥而至的品牌代表“羡慕嫉妒恨”。“加多宝”在输给王老吉品牌归属权官司后，只用了3个月，便通过一个电视节目在全国实现了生猛的翻盘。

为跑赢数条拼盘广告的速度，主持人华少急速凌厉的口播成为网络最火爆的吐槽音频，而这，绝非是广告商们喜欢的节奏。某广告公司从市场营销收益评估，出具了这样一个数据图，横向比较了中国综艺电视的四大品牌：湖南卫视《快乐大本营》、江苏卫视《非诚勿扰》、东方卫视《中国达人秀》、浙江卫视《中国好声音》。

比对以上四个节目的商业广告收益，湖南卫视《快乐大本营》，用了16年时间；江苏卫视《非诚勿扰》，用了3年时间；东方卫视《中国达人秀》，用了两年半4季；浙江卫视《中国好声音》，只用了一季3个月！以此说明省级卫视节目商业价值的提速显然有失公允。其一，湖南卫视《快乐大本营》是自创品牌，16年不败，维持在1以上，已是业内奇迹；其二，《快乐

四大卫视四大品牌节目广告收益图

频道	栏目	类型	开播日期	播龄	35 城收视率 %	15 秒广告单价 / 元	CPRP 点成本 / 元
湖南卫视	快乐大本营	常规	1997 年 7 月	16 岁	2.3	185000	80435
江苏卫视	非诚勿扰	常规	2010 年 1 月	3 岁	3.0	330000	82500
东方卫视	中国达人秀	季播	2010 年 7 月	4 季	2.8	240000	86643
浙江卫视	中国好声音	季播	2012 年 7 月	1 季	3.3	380000	115152

大本营》和《非诚勿扰》是常年周播节目，不能和《中国好声音》、《中国达人秀》两个季播节目的短期效应相提并论；其三，以单期计算，《中国好声音》的制作投入超出了《快乐大本营》+《非诚勿扰》+《中国达人秀》的总和，更是不可忽略的因素。

观众对节目的依赖和对广告的憎恨已达到了极限：越关注一个节目，就越被广告侵扰眼球，为了收看到精彩的节目，电视观众在被广告绑架后，在爱恨交织中为收视率作着贡献。

广告和收视率是一对极品恋人，男的“高富帅”，女的“白富美”，他们互相追逐又患得患失，彼此被捆绑住双脚跑向终点。广告越多，节目收视率

《中国好声音》的巅峰之夜收视图

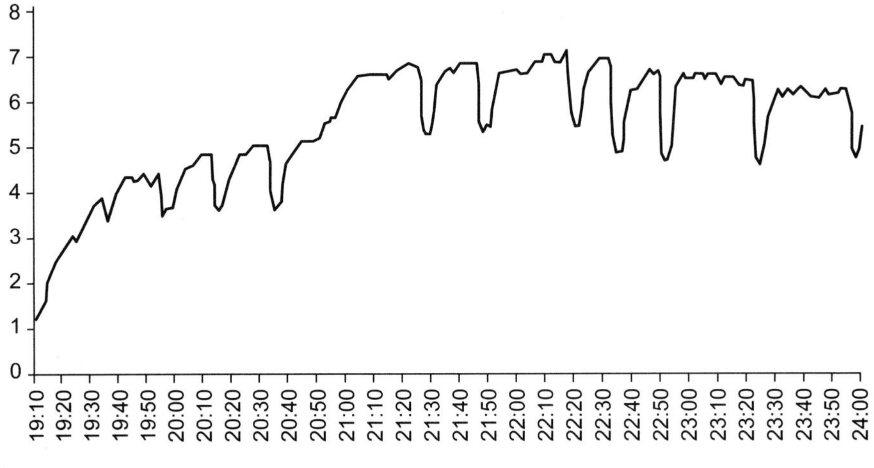

越受挫；收视率越底，广告黏附性越差；广告黏附性越差，节目收益越低，节目投入越为风险，节目品牌价值很难实现。好的节目吸引广告投入，它们变成三只脚的步履必须默契协调，并在拖累收视率和增长效益中获得平衡与增长，即“叫好又叫座”。像《中国好声音》这样火到不断提价后再进行广告拍卖会的，国内外尚属首例，因为此举表面上是“坐地起价”，实则是在有限的时间资源内强势召唤优质客户，提高准入门槛。国际知名品牌“苹果”在节目后半程的突然杀入，也破了 4A 公司的惯例，为业界惊叹。

7 月 4 日，国家新闻出版广电总局发布的《中国广播电影电视发展报告（2013）》的数据中，可以看到：在全球广告市场萎靡的情况下，广播电视广告收入仍然保持了两位数的增速，全年实现收入 1270.25 亿元，同比增长 13.12%。

第一季《中国好声音》巅峰之夜 12 条 15 秒广告卖出约 1100 万，最高达到 15 秒 116 万，刷新了本土卫视广告价位。根据数据分析：节目播出最高峰在 22:00–22:25 时段，最高点收视 7.01，广告收视最高时段为 22:25–22:29，收视为 5.67，23 点后广告收视下降至 4.8 左右。以上数据均为一般节目插播广告收视率的 10 多倍。6 小时内，14 轮广告的轰炸，《中国好声音》收入过亿。意味着每半小时收益接近 1000 万人民币。而到了第二季，加多宝冠名《中国好声音》为两亿元，每期的 15 秒插播广告标价已高达 116 万元。

2012 年第一季《中国好声音》15 秒插播广告价格递增图

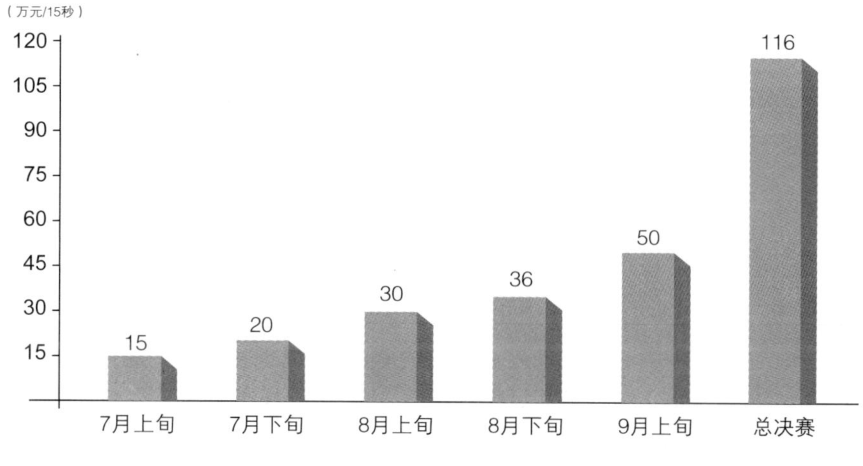

和美国电视真人秀的收益相比，在2012年出炉的《福布斯》杂志公布美国电视2011年“最赚钱电视节目榜单”中,《美国偶像》以每半小时收益664万美元居首，最新推出的《The X Factor USA》(《中国最强音》同模式)屈居第二，紧随其后的第三、第四席是电视剧集。2012年《美国偶像》(周表演秀)，从每30秒广告价值50万美元跌至34万美元，终结了五年“老大”的地位，退居第二;《美国之声》与《The X Factor USA》以20万美元持平，未进前五;NBC的同日橄榄球赛（《Sunday Night Pootball》）以54万5千美元夺冠，ABC热门喜剧《摩登家庭》以33万美元跃居第三。

电视真人秀大片的盛世年华亟待考验。

“没有电视只有剧”。久负盛名的《新周刊》电视榜，曾评价2007年的中国电视，对此，时任上海电视掌门人的黎瑞刚表示：“我认为这个见解挺犀利的，从某种意义上来说我也同意这个观点。这不光是2007年，我觉得整个中国电视生态都存在这个问题。剧以外的很多类型的节目，别看它层出不穷，还没有真正达到一个产业规模和运行体制。”

五年过去，黎瑞刚言犹在耳，中国电视依然践行“剧行天下”的格局，直到2012年的夏季峰回路转。引进《The Voice》高端品质的真人秀，终极了电视业态的媚态与疲软，亦表达了他统辖的传媒梯队对于新兴传播理念的一脉相承。

“电视”叫板“剧”的时代在中国刚刚来到。

B 转椅 VS 龙椅——电视综艺 VS 电视剧

“妹妹容貌依旧，只是心不似以前单纯了。”施施然在华服里游移的甄嬛，对着荧屏喟叹。

“若还似从前那么单纯，恐怕在后宫中早已死了几百回了。”安陵容倔强地回应道。

甄嬛冷冷道：“谁都知道宫里的日子难过，可是日子再难过，再要步步为营，也不该伤害身边的人，特别是一直把你当作好姐妹的人。”

^ 录像间隔时的导师席位

长达70集的《甄嬛传》这一对白，似乎终结了2012年的中国电视剧步步为营的“宫斗”互掐，也让忙活多年的“四爷”和“八爷”得以休假。曾密集充斥荧屏的勾心斗角、阴谋诡计、皇权君威，对观众产生的负面影响，也让社会学者和文化人士发出警示。2011年的《步步惊心》和2012年的《甄嬛传》作为两年里最火的清宫剧，双双缺席主流大奖。而这一时刻，《中国好声音》唱响了荧屏，并以远远高于顶级电视剧的重磅制作，引发电视产业此消彼长的变局——

电视综艺的转椅，战胜了火爆多年的清宫剧龙椅。

业内几乎很少触及电视剧和电视综艺的比较。无论从制播分离的机制上，还是从市场化程度、产业化模式的最领先水平上，30年来，电视剧是所有电视节目类型中的产业主体，每年10000多集的产量，如按平均成本100万一集计算，相当于每年有100多亿的投入规模。可是2012年，它们的表现整体不尽如人意。上半年堪称“万人空巷”的《甄嬛传》，全国收视率是1.7；靠当红组合吴秀波、张嘉译和海清主演的《心术》，收视未超过2个点；暑假推出的《爱情公寓3》，网络全力宣传，也只维持在1个点左右。当然，这是忽略电视剧由两至三台的同步播出，以及每晚2集的播出频率，以绝对收视率来评估的结果。

2012年9月，在北京举行的“2012秋季首都电视节目推介会”上，爆出了电视剧产能过剩的问题。200多家制作机构展出了430多部、约15000集电视剧，其中新科剧集占了八成。按近年的规律来看，一般每年只有3000集进入黄金时段，排前五位热播的只有600集左右，而有80%的电视剧无缘投放荧屏。广电总局相关领导对业界提出了“减少产量、推出精品”的要求。在这之前的8月，一位业内资深电视剧制作人来到横店探班，惊讶地发现在那开工的剧组仅是往年的1/3；在融资渠道的另一端，一些排队在创业板上上市的电视制作公司，步伐也相应放缓。而到了2013年春季，依然有490余部、超过16700集的电视剧，亮相北京电视节目交易会。管理层传出改革收视率，将电视剧评价体系中收视率的权重降到40%。剩下的60%将考核电视剧的思想性、艺术性、专业性、创作美誉度、竞争力等。这个措施表面上是对“收视率”下药，本质上是对产业导向预警。2013年6月上海电视节，电视剧交易市场冷清，不到70部新剧参展亮相。

一方是如坐针毡的电视剧集，一方是趋之若鹜的电视大片。

2013年的《中国好声音》中标总额高达10.4亿，远远超越了第一季的身价，为全国电视同业的一骑绝尘。7月正式录像之前，这个数字还在递增。

比对电视剧和电视综艺的形势逆转，以浙江卫视平台两年的招标成绩为例:2012年中标总金额为9.2385亿，其中，电视剧“中插”中标金额为5.4874亿，综艺栏目中标金额为3.7511亿。2013年中标总金额为16.7亿，其中，电视剧“中国蓝剧场”为3.8亿元,《中国好声音》为10.4亿元,《中国梦想秀》为2.4亿元。结论是，电视剧对平台贡献的中标金额，由2012年的六成，降为2013年的三成不到。仅《中国好声音》独家贡献了六成。以剧当家的安徽卫视，招商中标总额从2012年的4.62亿元上升到2013年的7.66亿元，其中九成为电视剧资源“第一剧场”，虽然增幅高达65.8%，但是全年日播的黄金时段的总体回报，依然不敌一季播出仅15期的《中国好声音》。2013年二季度湖南卫视第一季《中国最强音》的冠名费达到了5亿元，也远远超过了同步火爆播出的定制剧《陆贞传奇》的盈利。

放眼海外，NBC（National Broadcasting Corporation，美国全国广播公司）也经历着从剧集到真人秀翻盘的刺激，凭借《老友记》、《威尔与格蕾丝》等经典剧集的NBC在FOX（Fox Broadcasting Corporation，福克斯广播公司）的剧集《24小时》、《越狱》夹击下从全盛时期进入收视颓势，却在2011年推出真人秀《美国之声》(《The Voice》子版）后，成功叫板了FOX《美国偶像》的王牌地位。

仅以《中国好声音》的异军突起，尚不足以评估电视剧和电视综艺之间的对局,《中国好声音》是否启动了对电视产业龙头电视剧的抢位赛，还有待于两大电视类型在产业化运作的洗牌过程。

iS35

第二章

真人秀的真相

电视的真相究竟处于哪个瞬间?
它是一场趋众的游戏，
也可以是一道特立独行的风景。

金志文　平安　梁博　王乃恩　张玉霞　张玮　袁娅维　黄勇　徐海星

1 电视的真相

这一次，

他的拥抱，

无关亲情，无关故事。

因为，他希望无关音乐的一切非议，

从此可以和这个姑娘告别。

A 刘欢的两个拥抱

50次，50次的拥抱。每位导师在一季节目约15场的录像过程里，都经历了不下这个数字的拥抱。

面对数分钟前还素昧平生的歌者，这是身为导师的他们不曾预料的、人生经历中最高密度的拥抱，就在一个电视真人秀的现场发生。

欣喜、承诺、惋惜、痛楚、释怀、激励、祝福……各种滋味，复杂地汇集成不同的身体语言，在灯光与众目睽睽之下，通过手臂接纳心灵。

几乎所有的评论者，都把导师对学员的情感井喷，理解为导师“放下身段”。其实并不尽然。节目的核心机理是他们的情感发动机：当椅子背对舞台，学员是孤身奋战的被动者；一旦获得椅子的转身，导师则陷于被动选择，相互竞争，学员逆转为绝对的主角。在节目的冲突架构和未来关系里，导师必须释放身心得到学员的显性肯定，以及更多的坐在电视机前观众的隐性认同；模式的预埋，让建立在音乐之上的心灵沟通，为导师和学员产生张开双臂拥抱的渴望。

圆盆领波点T恤、黑色短裙、花色的无片眼镜，一位中长发的女孩轻快地步入灯光绚丽的舞台。少顷，她略微紧张地唱出《自己》：“仔细地看着波光中清晰的倒影，是另一个自己……”

这是2012年7月7日下午，上海西区华东师大体育馆的一次录像。六天后，7月13日21:55分，作为在第一季《中国好声音》的第四位歌者，人们记住了这位阿拉蕾造型的女孩，以及在眼镜框内欲哭还笑的泪水。“我的父亲三个月前去世了……我觉得他就在这里，我想继续大声地唱歌。”

她叫徐海星，她为逝去的音乐教师父亲而唱。

靠在红色椅背上的刘欢瞬间热泪盈眶，他一再擦拭，依然止不住哽咽：“姑娘你太可爱了。你父亲刚刚去世，你站在这里，以这么美好的表现，以这么让所有人动容的青春靓丽的形象唱歌送给你父亲……你知道我的女儿和你差不多大……”

这是作为内地音乐教父的他，第一次在一个电视节目的场景里流泪，也

^ 徐海星流泪

^ 刘欢的第一个拥抱

是第一次用亲情和无名歌者对接，而这个女孩和他相识只有 5 分钟，他们之间的桥梁是音乐。

刘欢第一次走到舞台中央，张开双臂和徐海星拥抱，轻轻拍着她喃喃说“好姑娘，好姑娘”。这一代表天下父亲的拥抱，让电影导演冯小刚在微博表示“猝不及防被娃的真挚撞了怀”，让《自己》的原唱歌星李玟主动提出要跨海过来替她加油。一夜间，徐海星的名字和歌声，万众动容。

可是，拥抱的温度尚在，徐海星就被一家卫视节目爆出“中途弃赛”；接着，“拿父亲炒作”、“泡夜店交大叔男友”等负面传闻在网上急速传播，一些和阿拉蕾可爱造型迥异的派对性感照片被大量转发，一些网友和观众刚刚对她建立起来的“可爱”形象崩塌，在网络论坛和微博上吐槽，一周内，徐海星不得不关闭了新浪微博的评论，尽管它刚认证不久，尽管它刚火速拥有了近 10 万粉丝。

两个月后，在 9 月 21 日晚间播出的节目中，人们见证了刘欢组终极考核中最为偏激的一幕：媒体评审的 99 位代表以不过 1/3 的票数“28”票将徐海星淘汰。“媒体评审团”在现场的角色虽然充满着个人趣味和职业操守的不确定性，但是他们半职业半粉丝的抉择，却恰好验证了这个层面的公众，对徐海星留下的阴影依然挥之不去。

有人释然，有人漠然，有人接受，有人难受，更多的人则陷于短兵相接残酷冲突后的焦虑，简单的道德和复杂的人性，随时拷问。这个时候，唯有刘欢，继续挺立在电视悬崖的边缘用音乐的宝剑守护学员，他镇定地对着全体观众疾呼：“……她是一个好声音，中国需要这样的好声音，请大家支持

∧ 刘欢和徐海星的第二个拥抱

她继续唱下去。”

这一次，他的拥抱，无关亲情，无关故事。因为，他希望无关音乐的一切非议，从此可以和这个姑娘告别。

经历了两个多月舆论洗礼的徐海星顽强地保持微笑，谢幕。

“每一天都相信，活得越来越像我爱的自己，我心中的自己……”

似乎从这一天起，徐海星开始改变了《自己》：平地而起，高空跌落，却未能全身而退。她是情不自禁地吐舌耸肩的阿拉蕾，还是被低票淘汰却镇静坚强的熟女？ 23 岁的她，是改变了自己，还是电视改变了她？

故事与包装在被受众过度消费之后,女主角的歌艺被折翼在声音的王道上。

即便为父亲而唱是她无可造作的真情。

让人难忘的现场，一个不会被镜头收录的现场：

刘欢哽咽道：“我的女儿今年和你差不多大……”

徐海星道：“我知道，她很幸福。”

徐海星并不“知道”，与此同时，“她”正在现场观摩！一位享受留学假期的快乐女孩，一位第一次目击父亲为陌生女孩落泪的同龄人，一位第一次听到父亲在电视节目中提到自己的女儿，亦控制不住自己的泪水，一袭白裙，翩然离去。她甚至没有等到父亲第一次在一个节目里，给予一个对话 10 分钟的女孩父亲般的拥抱。

爱，亲情的缺失与完满，赤裸裸地触碰在一个场景里，还有什么比荧屏内外发生的事实，更透视人生的真相？

电视的传送带继续行进。究竟什么，才是电视的真相？

B 《黑镜》隐喻的真相

再也没有比《黑镜》“Fifth Million Merits”（1500万的优势）更深刻的故事，用黑色的哲学意味把电视的皮肤扒得那么彻底了。

在这部出品于2011年底的英国剧集里，衣着统一的人们居住在被液晶屏幕切割的空间里，每天固定地骑车、被动看电视赚取点数，再以维持生命能耗和兴趣去消费点数。某天，男主角Bing Madsen为了帮助一位心仪的女孩成就梦想，倾其所有转让了1500万的点数，然而，站在真人秀舞台上的女孩却被评委篡改了梦想。为了报复这个被荧屏和评委掌控的世界，男主角Bing Madsen重新赚取1500万点数换得真人秀的入场券。舞台上，他突然歇斯底里地用锋利的玻璃碎片抵住了自己的喉咙，以死相逼，请求评委和观众倾听他被程序奴役的终极控诉。

冲突高潮后的逆转，从他和评委之间关于“真相”的对白开始——

Madsen:……当你们发现奇特的东西时，就把它分割成极小的部分，再被扩容、打包，通过一万多实现分配好的频道传送出去，直到成为不过几束无意义的光线，从小房间小屏幕，一直到大房间大屏幕……

狂暴的、几近窒息的粗话将评委和操控者的世界咒骂得体无完肤，Madsen完全失控了，全场肃静，观众屏息等待评委的反击。

评委:这是节目开播以来我在台上听到的最真诚的声音！……我知道你认为我是装的，不过，我真的懂你，我喜欢你的表演。

Madsen（打断）：不是表演，那是真相！（It's not stuff, it's truth!）

评委:是真相，对吗？当然，你的真相，毋庸置疑也是真相。你说得没错，这个时代的真实可遇而不可求。（Your truth, admittedly, but truth nonetheless. And you are right. Authenticity is in woefully shore supply.）

主人公用第二个1500万的积点所换来的激情怒吼，被评委轻而易取地纳入了又一类型的荧屏生存法则。那片本应刺痛制度的锐利碎片，没有成为觉醒的武器，而被当成升级谋生的道具，被Madsen收进黑丝绒的盒子里——他成为某节目主持人，去表演“真实”脱口秀。

试图突破荧屏壁垒的人性、以命抗争的“真相”搏击，最终成为一道电视菜单上的新品。《黑镜》难道仅仅是在批判制度的强悍、科技的杀伤力、电视的主宰、男主人公的意志薄弱吗？

不，当“Do it！ Do it！ Do it！ Do it！”的全场呼声响起，观众的集体答案成就了人物的抉择和命运。事实是，男主人公和评委联手在向公众表达妥协。你可以清醒地辨识这是一场意志的绑架，你也可以坦然地享受“存在即合理”。

这就是被黑色隐喻的电视，它用电视真人秀作为生存隐喻的最高潮场景，告诉你，现实就是一场真人秀，在外在规则和内在心理压迫下直抵人性的真相。

2013 年 6 月的上海电影节，意大利电影《真人秀》(《Reality》) 遭遇上海观众的冷遇，这部曾获得 2012 年法国戛纳电影节评委会特别奖的影片，取材于真实事件，一个被电视真人秀节目改变人生的故事，它的深刻在于，不是通常意义上的“梦想成真”，而是被假象扭曲了人生。那不勒斯渔店主卢西诺，在孩子的怂恿下报名参加了“老大哥”真人秀节目。试镜后的他觉得自己周遭的生活变了，仿佛一些蜘蛛马迹都在暗示他，节目组正通过“暗访”的方式介入他的一切，而他也不由自主地配合起来。梦想快速成名的他卖了渔店、为表现慷慨馈赠贫民家俱、为弥补一次对乞丐的粗暴转而请他吃大餐……没有得到通知的他，终日惶惶不安地守着电视机，日趋抑郁。最后，他私下闯入了节目录像棚，被处于全摄像监控下的选手“生活景象”激醒。这部影片让人联想到另一部以“真人秀”为主题的经典影片《楚门的世界》。同样处于无所不在的“老大哥”（生活中有形或无形的监视者）之下，“楚门”试图挣脱人造世界，而卢加诺则愿意“陪玩”改变真实生活。恰如《围城》的隐喻，有的人想突围，有的人甘愿入驻。

两部以电视“真人秀”为主题的电影，都在让人们思考一个哲学命题：生活真实和电视真实，当它们互为作用的时候，谁更具备“真实”的要义？

多少年后的徐海星，也许已经忘记了 T 恤上“special life style”（特立独行）的字样，人们却依然记得一个女孩在快乐的漫画造型中诉说歌声背后的悲情。荧屏呈现的反差效果还是会成为经典的一幕，在电视真人秀的流水线

∧《英国达人秀》导播室

∧ 2012 年《英国达人秀》录制现场侧台

上重复、回放，在不经意间触动你的心灵。而后，更丰富的资讯出现，裹挟着各种信息导向，你甚至可以很快判断电视上的人欺骗了你，但是另一个声音轻轻地提醒着你，这或许是另一个你曾经最需要慰藉的情感出口。

博尔赫斯告诉我们，任何命运，无论如何漫长复杂，事实上只显示于一个瞬间：人忽然顿悟自己究竟是谁的那个瞬间。

电视的真相究竟处于哪个瞬间？它是一场趋众的游戏，也可以是一道特立独行的风景。

“生活并不模仿艺术，它模仿糟糕的电视。”——伍迪·艾伦的吐槽，道出了电视与生活相互模仿的真相。

2 真实、事实、现实、故事

太多的电视真人秀正在发生，
太多的“中国梦”正被规划。
故事可以模仿，
情感可以相似，
而情怀与境界却高下立见，
归根结底考量的是团队和编导的文化准备。

A 黄勇，美甲店小老板?

“你是做什么工作的？”

“我是美甲店小老板……”

首期节目中出现的第二位歌者是黄勇。演唱之前，VTR 介绍了他是美甲店的老板，然后，在他演唱《春天里》的时候，“安徽宣城;32 岁，黄勇，美甲店小老板”的字幕一直挂在屏幕右侧。

四位导师为他转身，杨坤泪奔。

他加入了那英的队伍。《春天里》的浓烈和生猛，让人猝不及防，而被爆出曾经是歌手的经历，也同样让人觉得喘不过气。全媒体时代，一位小有名气的歌手绝不会被隐姓埋名。相反，选择性屏蔽发过专辑的歌手经历，会在真诚度上接受拷问。虽然，讲述故事发生在导师为歌者转身之后，对他是否入选学员没有起到作用，但是电视打造的“美甲店小老板”与经网络起底的“2007 年入行的歌手”是同一个人身上两个强烈不对称的信息。

他没有虚构，却没有讲好故事。同样是真实的信息，在有限的时间里所传递的主张，是一门技术，更是一门艺术。

在黄勇的单元里，我们再度破解“真实、事实、现实、故事”四个词汇：

真实	他在 2007 年就发布了首个单曲，2009 年发表了个人专辑。
事实	曾经签约过两个以上的唱片公司，跑过很多场子、上过不少综艺节目。
现实	在“全能创作型音乐人”的发展路上，遭遇瓶颈，渴望突破。
故事	给漂亮女友开美甲店，是生活中的一部分。

假如，作为已经32岁的歌手，黄勇把曾经进入歌坛的经历和现在渴望再度受到关注的心态和大家分享，也不失为一个风云再起的沧桑版故事。但是这样的已经入行却边缘化的学员不少，而“给女友开美甲店”的信息是唯一的。怎样讲好自己的故事，是学员的情商；怎样控制故事，则需加上导演的智商。就像在学员对战的时候，同样唱《北京北京》，黄勇和梁博，他们是歌者，更是这首歌的“执行导演”，各自有自己控制情感的分寸和性情的张力。

电视的真相，是有限的真相。我们无须将电视真人秀在逼近“真相”的道路中走得太远。一个真人秀电视节目的职责和优劣，很大程度上就在于如何讲好“真实的故事”，而非报道“事实的真相”。

这也是央视《青歌赛》和《中国好声音》的区别：前者是一个比赛，后者是秀；前者不需要故事，后者用故事来为节目加分，在有限的时间里打开主角的人生空间，满足观众对于趣味的营造、情感的需求和人生的投射等更多的诉求。

那么，何谓“真实的故事”？它离真相更近，还是离虚构更近？故事的底线又在哪里？

央视《看见》制片人李伦曾谈到过真人秀故事的“阴谋论”。他说：“‘真’和‘人’这两个问题不光是我们娱乐节目没解决，其实我们传媒很多地方都解决得不好。第一，我们不相信真实的力量。第二，我们没有能力呈现真实。不相信真实的力量，以至于《中国好声音》播到现在，很多人说它背后有很多很多的阴谋，这个阴谋论永远不大。我觉得放大不叫阴谋。真正发生的故事在场景里是不能被谋划的，这个故事是天然的，《中国好声音》给了我们一个挺好的样本。”

面对故事与真实之间的缝隙，究竟应该如何弥补，我问副总导演章骊：真人秀的故事原则是什么？

章骊表示：“首先是绝对的真实发生；其次所谓的故事，是一种对主人公真实生活‘事件’的一段截取；再次，叙事必须流畅。”

黄勇被“截取”的这段人生，不是他的全部，却是他的真实。美甲店小老板、曾经的歌手，当两个信息无须混杂兼容的时候，在有限时间内的“截

^ 黄勇在演唱《春天里》

取”，是导演和学员对于“真实”的选择方式，而非虚构的人生。怎样在真人秀里浓缩与“截取”当下芸芸众生的人生画面并作诚意的表达，见仁见智。

B 谁“抛弃”了徐海星?

让我们再以徐海星单元，来破解“真实、事实、现实、故事”这四个词汇。

真实	徐海星的当音乐教师的父亲在三个月前（以录像时间计）过世了。
事实	她的确上过其他歌唱节目，中途退赛。
现实	她爱歌唱，渴望舞台，渴望成功。
故事	一个父亲刚去世三个月的女孩，走出悲伤，为了梦想的舞台绽放自己。

这四个词似乎是一个链条，但它们之间有着信息和诉求的误差。如何定义一个人、一件事、一个情感的走向、一种情怀的升华，并没有无缝对接的标准概念。

从“真实”推进到“故事”，徐海星是一个满分案例，故事的核心“喜爱刘欢的音乐教师父亲去世三月”，真实感人，没有造假成分。可是一旦走出荧屏，从网络涌出“中途退赛”、“亲情炒作”、“吐舌耸肩卖萌”等不一而足的负面评价，则进入了社会资讯减分过程，掺杂了行业规则判断、诚信判断、性格判断、包装判断等公众和竞争方的反弹，指向一位女孩是不公平的。

她被散布的性感照片和出现在“好声音”里的阿拉蕾造型完全颠覆，是编导刻意“设计”的吗？导演稚晖表示，那天徐海星的确带了服装来，但我们还是建议她就穿身上的这件T恤，不用换，我们的舞台就是鼓励她们做生活中自然的自己。因为“好声音”的理念，是声音。

真人秀的“真实”与“虚构”概念之间的缝隙如何弥补，是这个时代对电视真人秀娱乐伦理的考量。

“真人秀（也称真人实境秀，真实电视，reality show；reality television）一般是指以电视传媒为介质，通过举办某一类别的比赛活动，以从多名参赛者中选取最终获胜者为目的，同时有着丰富的奖品，可以获得广泛的经济效益的电视节目”——这是百度词条 2012 年 6 月第 31 次的关于“真人秀”的定义。

2005 年，清华大学教授尹鸿在《解读电视真人秀》一文中对真人秀的界定是这样的：“电视真人秀节目是假定情境中的真实展现，是一种超越虚构与非虚构的综合性的娱乐节目，既不同于纪录片，也不同于电视剧。所以，真人秀的魅力就在真假之间、虚构与非虚构之间，是纪录性与戏剧性的融合。” 这个描述更加贴近“reality show”真人秀的“秀”的涵义。

第一次入行电视真人秀的我，是 2006 年，在东方卫视引进美国真人秀《学徒》版权所制作的第二季《创智赢家》的团队里兼职担任编剧。

是的，没有看错，在真人秀的幕后制作团队里，编剧，是岗位之一。我们的工作是，参加英国的模式专家培训，掌握整个节目的运作过程，从选手的招募、考核，到组队、封闭式拍摄方案，任务设计与下单、制造矛盾冲突等，“团体合作”、“个人贡献”、“领导才能”、“销售技巧”、“压力对抗”等对选手的考验都在预设的编剧框架内。从那个时候开始，学习和理解真人秀和真实的关系。

无可置疑，电视真人秀的真谛，就是打破真实与虚构的界限，表现普通人在电视制定的情境现场下的才艺竞技和心理状态。纯粹的较真，是受众的误区；过度的设计，则是制作者的大忌。

事实上，所有通过镜头、文字、图画等等操控技术来完成的客观“真相”的再现，都带着主观的“偏见”——英国学者古德温与惠内尔编著的《电视的真相：电视文化批评入门》中，曾引述格拉斯哥大学媒介研究小组在 20 世纪 70 年代的报告《Really Bad News》(《新闻真糟》) 中宣称：“我的结论是，电视的偏见已达到如此的地步，以致违背了保持中立这一基本职责。”那么，当新闻电视报道都无可避免地带着实施者的“偏见”，作为电视综艺的真人秀，何以将“真实”进行到底更是综合价值观和艺术观的一门技术活儿。

2013 年的中国荧屏，太多的电视真人秀正在发生，太多的“中国梦”正被规划。故事可以模仿，情感可以相似，而情怀与境界却高下立见，归根结底考量的是团队和编导的文化准备。

以我多年的观察，可以总结为前后两重境界和七大层面：

展示故事——发现自我？

撕裂情感——启迪人性？

安排梦想——成全目标——成就理想？

苦难难以考验真诚，泪水并非万能神器，面对成熟了的中国电视观众，很多节目却轻易满足第一境界。

综观 2013 年上半年节目，在故事和情感的诉求上，我们可以看到：

模式节目	表现评价	诉求层面
《中国达人秀》	起点较高 亦进亦退	展示故事 / 撕裂情感 / 启迪人性 / 成就理想
《中国梦想秀》	帮贫助困 重磅煽情	展示故事 / 撕裂情感 / 成全目标
《中国最强音》	选手弱势 浅尝辄止	发现自我 / 成全目标
《中国梦之声》	灵巧炫技 考验真诚	展示故事 / 撕裂情感
《舞林争霸》	前戏充足 后续脱节	展示故事 / 撕裂情感 / 启迪人性
《舞出我人生》	角色交叠 浓墨重彩	展示故事 / 撕裂情感 / 安排梦想
《中国好声音》	先情后技 心声传达	发现自我 / 撕裂情感 / 启迪人性 / 成就理想

以上节目，都比较擅长在第一境界展示选手，目前自觉进入第二境界的是《中国好声音》。但是尽管如此，徐海星的案例也只走到了一半，游走于第三个层面“撕裂情感”至“启迪人性”的过程。并没有多少人可以公示伤痛的亲情，在电视框架里，她被撕裂了情感，却难以抵挡屏幕之外的人性猎杀与再度返回电视中媒体评审席所给予的冷遇。他们对于徐海星的这场“公判”，与故事和人生有关，与音乐和声音无关。

徐海星像一颗流星一样陨落海面，她孤立无援，她黯然离去。这一场景成为海底暗流，并没有随《中国好声音》获得的喝彩而离去。

第二季“好声音”录制前，总导演金磊在一次内部会议上依然勇敢地触碰暗礁：我们是否曾经退缩？我们是否恐惧传言而没有努力真正保护一个好声音？

解剖了自己的总导演，发人深省。

3 小众和主流

80 后的率性遭遇 60 后的感性；

80 后的张扬面对 60 后的深刻。

A 戴着芍药花的袁娅维

一个头上戴着大花、穿着吊带衫的女子走入画面，右侧画面字幕上书：北漂歌手，湖南，28岁。

一曲Jazz风情版《弯弯的月亮》，让四位导师的颈脖跳起舞来。刘欢大赞："这是23年来，听到的最有意思的改编，很喜欢。"但普通观众对这首23年前的老歌不解风情，即便是电视机前的50、60后粉丝，刘欢版的放声高歌才是他们的最爱。

^ 袁娅维和她的芍药花

^ 刘欢和队里的四强

小众和主流的对峙，从袁娅维献唱的第一曲就埋下了伏笔。

袁娅维的外婆、妈妈在 Holding Room（家属等待区）里，脸上深刻着皱纹的最中国式的外婆在袁娅维放歌之前，为她的长发插上一朵花。而她们的身边，站着一个为她编曲的黑人音乐伙伴。袁娅维，这位从小镇里走出的 28 岁的女子告诉导师和观众，这是她最喜欢的芍药花，这首歌是她的童谣，“用我的方式，把歌送给外婆”。节目正以这一家三代女人的方式勾勒出婉约的乡情与亲情线条，努力弥合着灵魂乐和爵士风情版演绎主流歌曲的缝隙，将西方音乐世界流行的“月亮”挂上中国民谣的天空。

她是目前国内唯一的一支建立在 Jazz 基础上融合了 R&B、Soul、Hip-Hop 和 Funk 音乐风格的乐队的主唱，湘女“目眇眇兮愁予”的灵动与黑人音乐的自由练达，就像她的两个名字：Tia 和“娅”，和谐而又特立独行地在她发丛起舞。

但是这份美妙却持续不长。“当花瓣离开花朵，暗香残留，香消在风起雨后，无人来嗅，如果爱告诉我走下去，我会拼到爱尽头……”

两位风格迥异的歌者在拳击台式的表演区里互飙一曲《暗香》，比任何时候更象征着这个节目的“花语”：《中国好声音》让散发着“暗香”的各路歌者盛开在荧屏，花谢之前，他们必须面对面地怒放，在“拼到尽头”的绝唱香消玉殒中，渴望重生的花瓣。

刘欢组考核专集，正式宣告导师从放下身段争抢队员的互掐喜剧，进入下半程痛下杀手的自戕悲情。不少观众对刘欢组诞生的四强匪夷所思：人气很旺的李代沫、王乃恩、郑虹出局，意味着他们止步“16强”，人气王牌队员甚至惹来名人围观，导演冯小刚当晚发布微博表示把郑虹“收藏在心底”，微博女王姚晨则公开力挺王乃恩，要预购他未来的32张碟。

袁娅维胜刘悦，也是争议之一。

小众和主流的判决，是文化的选择，不是流行的拥趸。当刘悦的高亢奔放对战袁娅维的细腻极致，现场观众的耳膜已被前者俘虏，而三宝私下对刘欢建议：你不能总招引“大嗓型”的学员，以我们坐在今天所在的位置，是否应该为中国的小众音乐做一些事？

这也正是刘欢的音乐理念。于是袁娅维戴着这朵明丽的芍药花，一路谢去了清澈内秀的李行亮、奔放激越的“小刘欢”刘悦，最终在满身开着花朵的吉克隽逸那里败下阵来。一曲带着新灵魂乐风的《Crazy》，曲高和寡，她和更主流的吉克隽逸的比试，在媒体代表那里是26/81（票），而刘欢给出的是45/55（分）。

“请不要再停留在TOP10、TOP100、TOP500榜上，希望大家能对所有网站歌曲排行榜的音乐类型进行分类，让大家知道我们中国音乐也有爵士，也有摇滚。我们的音乐类型是丰富的。这是我们和Tia（袁娅维）共同的奋斗目标，中国的音乐事业需要依靠大家的共同努力。”刘欢为袁娅维送出的告别语，是对着媒体评审团呼吁，更是内地音乐教父送别小众音乐的话语，一席话将这位北漂湘女一路走来的优雅妩媚击溃，她捂脸啜泣，深深鞠躬。

是的，这位音乐导师对于小众音乐的最大庇护，是让这朵大红色的芍药花开进他的四强；只是，当小众歌手一路遭遇主流唱法与舞台表现力的对手，吉克隽逸更适合当一个全面的赢家。刘欢和媒体99位所代表的公众口味，做了同样选择。

∧ 袁娅维的花绕在了手上

如果音乐也有段位，以袁娅维流行乐感的功底，位置不低，但是西方音乐文化的养植，暂时难以期待东方大众口味的花期。

这一天，她的头顶没有花朵，红色的芍药花儿套在了她的手腕上。还有什么，比一朵大红色的芍药更有意味？大红色，是中国的国色；芍药花，却不是大众的天香。

主流的颜色，小众的花影，她在离别时独孤开放。

B《My way》——张玮路在何方?

“张玮”这个名字，在百度词条里有 15 个人对它进行编辑。2012 年的夏天开始，“好声音”学员张玮，一跃成为 TOP1。

他的首次演唱，应称作“声音发飙”，让那英、哈林、杨坤三人转身同时用手指指向他，而刘欢举起双臂，双手抱住帽子表达不可思议。电视屏幕上，网友通过测算，惊呼其最高音飚过了帕瓦罗蒂；舞台现场内，他癫狂的煽动性，被那英张开双臂比拟为“大蜘蛛”。

∧ 张玮的《My way》

扎着粉红色带辫子的张玮，是可以把现场瞬间点燃的“音乐疯子”。“Mountain top 就跟着一起来，没有什么阻挡着未来，Day and night ，就你和我的爱，没有什么阻挡着未来……”一曲《High 歌》由一位纤瘦妖娆的男生演绎，狂飙的高音和弹跳的热情，挑战着公众耳膜的极限。

但是挥洒到 High F 高音的他一路高歌到被逐出四强，却成为那英和媒体评审交火的倒霉蛋。

当夜，他的《忐忑》+《Bad》、《A Change Is Gonna Come》让媒体评审将张赫宣和多亮两位沧桑深情型歌者淘汰，而后，梁博和张玮的对决开始。

白衬衣的《像个孩子》，对战红衬衣的《My way》。两首歌，像极了两位年轻的歌者：一位是纯粹安静的“情痴”，一位是热情似火的“疯子”。分别唱罢的一刻，杨坤和哈林支持梁博，但是他们的发言还不够通透，这一次，轮到刘欢出手，在媒体评审举牌之前，这位在大学课堂讲述西方音乐史的教授之语成为提前的“终审判决”——

“张玮，你了解你刚才唱的这首歌吗？”

张玮：“这个……还不太了解。”

刘欢：“这首歌是一部早年间的电影主题曲，一位拳击手在上台前最后一搏的一首歌，《My way》是他一生的非常坦诚、淡定的一个陈述，所以你刚才这个演唱让我很诧异，你是在这里充分地展示了你高音、低音转换的声音控制力，但是这不代表你很好地表达了这首歌曲，好的声音不等于杂技，你应该站在这里来歌唱的，这要远远胜过你是在唱歌，我希望你听懂我说的是什么……”

刘欢更希望，媒体评审的 99 名代表和公众“听懂”他说的是什么。而谁也不知道，这首美国电影《夺标》的主题歌，刘欢曾在 1986 年演唱过。26 年前，他和张玮年纪相仿，对于这首歌的演绎，却划过了一个世纪两个时代。

80 后的率性遭遇 60 后的感性；80 后的张扬面对 60 后的深刻。

“When I bit off more than I could chew. But through it all when there was doubt. I ate it up and spit it out. And did it my way.”（但自始至终，就算充满疑惑不安，我也没有停止尝试，我走完了自己的路。）

张玮《My way》"Did it my way"之高低转换炫音，每时每刻都寓意："用自己的方式。"

是"走完了自己的路"，还是"用自己的方式"？

对"Did it my way"这句歌词的两种理解形成分岔，也隐喻了张玮在这一舞台的际遇：他告别了四强，但继续走自己的路。

这位年轻的"音乐疯子"，能让3岁孩子在看台上自动伴舞，能让奶爸粉丝上传怀抱婴儿随电视扭动的视频；甚至在"你死我活"的真人秀对战现场，他也完全控制住了2/3的媒体评审。谁也不可否认，张玮极致随性、快乐享受音乐的方式更符合普通观众对于音乐的实现，而那一刻的刘欢，则以更精英文化的方式将这层自在炫技的外衣剥去。

同样的情形，发生在11月11日，在央视召集十家卫视选秀歌手参加的《春晚直通车》第二场，著名音乐制作人三宝对音乐圈内公认的音乐鬼才常石磊开炮，认为他太过炫技，对其演绎改编的俄罗斯民歌《山楂树》评价道："你就走吧，就往远里走，歌曲的魂都没了。"但是音乐制作人宋柯对此并不认同："评委三宝老师认为大量的转调以及咬字方法有炫技之嫌，不够真诚。其实这是音乐领域一个见仁见智的老话题，技术和情感之分寸拿捏是显示歌手能力的重要标准……"

从"歌唱"到"唱歌"，是技术，更是态度。在中国流行乐坛两位顶级的音乐制作人那里，同样有分歧。抛开技巧的层面，我们从文化意义上判断，这也是小众和主流的分野。

独立与媚俗，个性与趋众，两种背离的特质同时出现在张玮身上，他"唱歌"的方式是极致的、自我的；他"歌唱"的情绪是分享的、大众的。

他够时尚，他够潮流。80后的他，粉丝是60后的孩子。

这一夜，他的辫子，没有粉红色的带子缠绕音乐撩拨癫狂。而当他半年后站在"对战最强音"的舞台，在0℃以下的寒风中吹奏起萨克斯，感冒的他说"你们喜欢我成长期的嗓音吗"，平静而又飘逸。

像一个漂流在旋律挂篮里的婴儿安然熟睡，这一时刻，他已无须极致的高音寻求攀援。

4 才艺和情感

你很难区分，

是他们的歌艺站立在人生经历之上，

还是把情怀之剑深深砥砺于技艺之咽喉？

A 独上西楼的张玉霞

我问副总导演章骊，完成第一期节目时，你最大的冒险是什么？

他回答：如何保留我的电视价值观中最重要的几个字——生猛、真实、热血。比如，没按模式剪辑张玉霞。

生猛、真实、热血，观众看到了，也吓到了。但是“没按模式剪辑”是什么意思？

现场掌声响起，黑暗中，学员步入舞台，现场导演接到导播口令，再来

へ 张玉霞第三次上台

一次。掌声再度响起，学员缓缓走出，还是要重来。

四位背对着舞台的导师小声嘀咕：怎么了？

第三次，歌者在掌声中上场，一个穿黑色 T 恤的工作人员搀着她的胳膊。这是在 7 月 8 日的华东师大体育馆，在导师们尚未转身之时，观众已为一位歌者三次未能准确走位而掌声雷动，他们看见了一位盲女学员，而在转椅背后准备“盲听”的导师一无所知。

来自台湾的学员张玉霞，清唱出一曲酷似邓丽君的《独上西楼》。等她唱到第二个小节，一只在老式黑色搭襻皮鞋里的脚踩着电子琴的延音踏板，自弹自唱起来。黑暗的观众席中，男生女生随音乐起立挥舞手臂，等到第一、二、三个导师为她拍键转身，在 Holding Room（家属等待区）里注视现场的姐姐已经泪如雨下……

而后，全场观众、导师自发起立，长时间默默地鼓掌。

这不是导演预想的开始：你知道有几把椅子为你转动吗？

原来，模式“盲选”的程式，是电视机前的观众和转椅背后的导师，目击学员的第一眼必须是同步的，即只有当导师中第一位拍过按钮转椅后，才得到“同步”呈现的歌手的全息形象，以达到悬念的效果。而张玉霞单元的剪辑，是让观众知道了张玉霞是盲人歌手后，导师们尚被蒙在鼓里。曾经有两个版本的剪辑处理，章骊决定播出这一版，他说，她的歌声足以动人，给到电视机前观众的，“不在乎一刹那的惊诧了”。

哈林转过椅子后眼泪夺眶而出，却依然“职业”地用振奋饱满的情绪和张玉霞互动；杨坤反复自报家门，表示要写一首歌与她合唱，穿越海峡两岸。

这是在第一季《中国好声音》里寓意非常深刻的一幕：导师和学员，互相无法看见，一个在听，一个在唱，彼此摸索着对方，歌声，是走近彼此的桥梁。

而对于这位特别的歌者，即使导师转身，她依然看不见这个世界的表情。喝彩，对于她来说，也许只是音效。放歌之前，出场可以重来；转身之后，一切无法再来。

无言独上西楼，月如钩

寂寞梧桐，深院锁清秋

剪不断，理还乱，是离愁

别有一番滋味在心头……

张玉霞在炫目的舞台上，以盲者的寂寞唱出夜空中的一弯冷月。剪辑后未被播出的现场，刘欢有这样一句评语：作为一个长期在街头表演的歌者，你的声音有着未被世俗杂质浸染的干净，这点非常可贵。

“我是一个发光体。”张玉霞笑着说道。

“发光体”没有照进那英的四强。8 月 24 日的录制现场，上海浦东源深体育馆。到了 25 日凌晨 1 点，“小二班”中的六位学员正进行决战之前的一小时排练。台上，依然坐着六成观众不离不弃地等待演唱。那英请来的梦想导师汪峰，已经指点了其他五位学员的排练，乐队已暂时收队，灯光暗场，唯有张玉霞自弹自唱排练着《你是我的眼》。这是萧煌奇创作的歌曲，张玉霞和前两年走红的流行歌坛盲人歌手萧煌奇是台湾启智学校的同学。此时，汪峰正悄悄侧立在舞台边缘，仔细倾听着，然后上前，俯身在她的耳边轻轻说着什么。黑暗中，一位大陆火爆的摇滚巨星和一位台湾街演的歌唱达人，就这样勾勒成一幅剪影，那一刻的汪峰，仿佛是她的眼……

这一夜，很多人都在为张玉霞的舞台命运纠结，一方面，怕她遭遇不公；另一方面，又怕因她的特别，对其他学员不公。四位导师和汪峰为了她是否胜出，几乎在现场开小会，对于那英，这更是艰难的选择。

“盲选”阶段过后，《中国好声音》也全面转身，有人觉得它露出选秀的真容；有人觉得，这才更接近人生这个舞台的真相。才艺与情感，在电视真人秀上的两个面具，必须挤出一个具有说服力的表情。

在录制《酷我真声音》时，张玉霞的姐姐张玉玲告诉编导，街头艺人的她们，在台湾淡水有固定的演出场地，15 年来，她们已经累积了很多粉丝，也有不错的收入来源。问及她们演出最火时是什么情形？姐姐说，是在中秋节期间连唱 8 个小时！那么一直唱邓丽君的歌吗？“不，玉霞能唱周杰伦的歌，不过她最喜欢唱的是《Rainbow》(《彩虹》）和蔡依林的《日不落》。”于是在现场，张玉霞演唱了它们。

歌声镀着一层金色的阳光，快乐、温暖，像她不加掩饰的笑容那样。落下文字，才可以发现，她最爱的两首歌，都是“发光体”的别名。

> 全场暗灯，乐队休息，汪峰悄悄走到张玉霞身边与她交流排练细节。

听她的歌，你会希望所有人的话语，在她人生黝黑的屏幕里，不是噪音，而是发散温暖光芒的音符。

总导演金磊在录制完节目后喟叹，张玉霞和来自内蒙古草原的云杰，他们似乎更适合达人秀的舞台。

的确，同样的遗憾，发生在8月10日播出的第五期节目中，云杰怀揣着航天科工同事们的梦想，演唱了一首原唱为腾格尔的《天堂》，随后即兴一曲草原民歌《鸿雁》赢得满堂喝彩。在第六期“外卡战”中，他的《鸿雁》，没有得到第二次机会。

才艺和情感，在张玉霞和云杰的身上是那么扣人心弦而难以分离。你很难区分，是他们的歌艺站立在人生经历之上，还是把情怀之剑深深砥砺于技艺之咽喉？“好才艺”和“好情感”，是电视真人秀的两束追光，时而交错、时而对峙，投射在舞台的中心。

B 蹲在地上的王乃恩

副总导演沈宁看着面前的他，眼睛一亮。

这位“北京奥运会开幕主题曲《我和你》演唱A角”高大帅气，而且是中央戏剧学院导演系毕业的艺术男。王乃恩让沈宁导演团队“暗喜”，北京之行，终于找到了几位气质鲜明的学员，“好声音”之外的好形象，自然喜上加喜。

但是她们遭遇了这位帽子帅哥的阻抗。两年前，王乃恩曾因为和《快乐

^ 蹲在地上的王乃恩

男声》的导演组意见不合，愤而退赛；后来签过一家唱片公司，又以赔款 10 万元终止合约；这位已经 26 岁的大男生，对自己的再次出发充满警惕。最终，导演组以切磋动漫的诚意，把他拿下。

“xxxlion・继：睡前看完弑神者 03 和足球骑士 27– = 今天很幸福，很满足……虽然我只是颗六等星，但会尽全力沿着明美的旅途坚持走下去的……”——这段充满日系漫画口味的文字，出自 7 月 21 日 23:38 分，来自“Lion 乃恩 King”的新浪微博。

这一天，是他录制的那期节目播出的次日，博主王乃恩还不为众人所知，正如他发的微博文字，非动漫迷难以解读。

他为《中国好声音》创造了两个高潮：四位导师统一用“The Voice”原版的口号，首次对一位学员发出了激情的“I want you！”（我要你！）；选择导师时，他在众目睽睽的舞台中央，突然低头蹲下！

黄色的帽子挨近红色的裤子，夏天躲在毛线帽子里的王乃恩低头下蹲。

现场的 10 秒，奉送了一个天衣无缝的广告切口：下蹲瞬间，这个具有偶像气质的大男孩，创造了整集节目收视的最高点 3.46，在 22:30 分的危险时段消化了 3 分钟广告后，他站起来了，选择刘欢，拥抱，把下落至 2.5 的收视拉升回至 3 点以上。

7 月 20 日《中国好声音》学员分时收视图

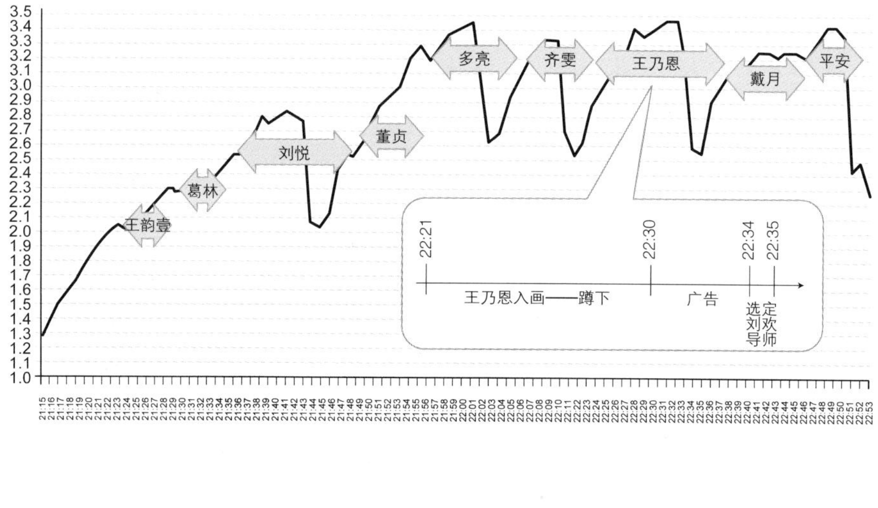

他同时是发微博数量最少的人气学员，节目播出后到此时仅仅10条。但是粉丝们还是挖到了他的存在，共计35条微博，17万的粉丝量；节目播出前后的最大区别是，加了认证的“V”之后，博主把原来简介中的“二次元、三次元”等概念换成了“中央音乐学院；音乐人王乃恩”的标签。

什么是“二次元”？“三次元”？

动漫游戏和以此衍生的平面世界，都叫做“二次元”。对应虚拟“二次元”的是现实的“三次元”。“二次元”不是一个仅供玩耍的虚拟世界，它的角色与存在感对创造它的现实世界进行侵蚀与重构，“宅男”和“宅女”，就是执迷于此的80后、90后们的一种生活方式。

《酷我好声音》里，杨坤拷问这位80后动漫王子，即从“二次元”、“三次元”入手。

王乃恩说：我的“三次元”朋友不多，我的“二次元”朋友不少。“三次元”是我们大家在的这个环境，“二次元”是屏幕里我们看到的世界。他解释自己童年时代在动画片里，看到一位女孩用自己的歌声拯救了人类，从此爱上了音乐。他并没有说出那位女孩是谁，从幕后我了解到，这位女孩，就是日本动画片《超时空要塞》(1990年大陆译名《太空堡垒》)的日籍华裔女歌星——林明美，在第一次宇宙大战的决战中，她的一曲《可曾记得爱》促使外星球敌军反水到人类一边，取得胜利。她是他的女神。

杨坤希望他多交“三次元”的朋友，王乃恩则继续为“二次元”正名：他获得坚持梦想的动力，往往来自故事里的正能量。私下里，他和导演说过那些打动他的“信蜂”——在动画片中，以传递人们的“心”和“希望”的信件的使者。父亲，钢琴，动画片，构成了他童年的三个影像，他承认自己有些“宅”，但不代表“自闭”。

自20世纪80年代末开始，通过正式与非正式渠道流入的日本动漫文化，在课外开启了中国人童年的心智，是国人难以回避的教育尴尬；而他们处于前沿的流行音乐，也远远领先刚刚进入改革开放期的中国，无意间开发并满足着80后、90后们成长期的音乐需求。王乃恩不是个案。他在受到启蒙的动画片里，看到的不仅是情节，“收获最大的就是它把一首歌分割成音乐和诗，告诉我一首歌是音乐和诗的结合。”这位骨灰级的动漫迷认为，

︿ 刘欢选择了权振东

“动漫还有一个目的就是听它的配乐，会得到很多灵感、启发，有很多开阔眼界的东西。”而父亲对他的古典音乐熏陶，也成就了他的乐感和被刘欢在《鲁豫有约》里称作“肖邦那个级别的”弹奏钢琴水平。

在刘欢队导师考核里，他和权振东狭路相逢争夺四强。模拟拳击围栏的舞台上，权振东唱罢《人质》，王乃恩唱《慢慢》：

慢慢慢慢没有感觉

慢慢慢慢我被忽略

你何忍看我憔悴

没有一点点安慰……

低吟过后，唱到“没有一点点安慰”这句，王乃恩首度爆发的悲怆，在裹挟的帽子里锋芒绽放，让人震撼。

两位气质有些相像的歌者，在一个拳击台上的歌艺对决，才艺与情感，犹如左右挥舞的拳击手套，哪一部分才能向对方发出致命的一击?

杨坤说，喜欢权振东身上“成熟的男人味”。

那英说，感觉他的“性格又开了一下”。

哈林说，“仿佛看见一个为爱情发狂的人在自言自语”。

三宝说，王乃恩身上多了一些“阴柔之气”。

谁去谁留，才艺之上，被赋予了更多审美的情感色彩。

^ 刘欢和王乃恩拥抱

屏幕聚焦刘欢痛楚的面容。长考之后，他连续掌击转椅扶手，心痛地报出了“权振东”的名字。被主持人高高举起右手的权振东，发出了一声郁闷的嘶吼，王乃恩过去拥抱了对手，然后走下舞台，紧紧拥抱颤抖的刘欢。

相拥的 30 秒里，没有人听见他们在说什么……

几步路便跌落舞台的悬崖，甚至于处于人生的边缘，被淘汰的王乃恩，却被刘欢抓得更紧。

这就是电视真人秀最残酷最真实的地方，决战，不止于舞台。情感和才艺，从挥舞着的左右手，变成了左右眼眶流下的眼泪，慢慢流，慢慢收，你不能简单地指认，哪一边更加动容，哪一边应该顷刻放弃。

如果在“二次元”里选一位导师，他选林明美。如果在“二次元”中成为角色，他是否愿意成为“信蜂”，向人类发出爱与希望的信使之函？

荧屏的“二次元”里，他虚构了另一个自己，和帽子里的音乐骑士喃喃自语，他用心把他的每一集勾勒到极致，在进入“三次元”的时候，他选择先蹲在地上。

2013 年的王乃恩选择站起，他几乎全程参加了《中国好声音之对战最强音》，历经 4 个月的 12 战里，他摘下帽子弹琴，他也在最后决战发力，在关键的原创环节，这位动漫王子一曲《因为爱着你》，翻转票数，为刘欢队赢得了年度最强战队。

5 中国电视说故事

一件白衬衣，

一把吉他，

是他的图腾。

当故事的针线缝脚失之交臂，

情感的暗扣却早已牵系住了他的灵魂。

A 没有故事的梁博

2012 年 9 月 30 日的中秋节凌晨，国庆节到来之夜，激亢的、摇滚的、抒情的，长达五个小时的直播已经过去，巅峰之夜还未嗨到“年度好声音”问世。

直到梁博唱起《我爱你中国》，说“我只想说一句话，我今后一定写好歌，唱好歌”的时候，这位第一次面对挥舞荧火棒的浩瀚观众的 90 后才有了王者气象。

胜出的梁博恰恰是一位没讲过任何“故事”的学员。

现场曲终人散，网络的高潮方兴未艾。有好事者为一匹没有故事的“黑马”而心有不甘，编了一则段子：“梁博的父亲是梁（凉）茶”，经大量转发变异为——“梁博的父亲是赞助商凉茶品牌老板”，网络出现一片质疑之声。国庆节后，最后消费“内幕”故事的群体很快就被事实击溃：经东北多家媒体查访考证，梁博的父母只是普通做小生意的，他真的没有可以“唬人”的家世背景或人生起伏的故事。

“梁博，你是一匹黑马，当初他们三位谁也没有为你转身，现在我可以拍着胸口说，我做对了，我从你身上看到了越来越大的能量，每次听你唱歌，我是有画面的，你是有故事的。”那英在梁博成为小组“得意门生”之前说过这样一段话。在赛程接近尾声的时候，她独自拍下梁博，似乎在一瞬间辨识出一位年轻歌者的旋律。故事的形态第一次超越了学员的亲口告白，变得更加含蓄而深刻。

不苟言笑，不爱说话。21 岁的他将要和黄勇对战一首《北京，北京》，这一天，汪峰作为梦想导师和那英一起坐镇，那英希望汪峰也能上台露一嗓子，但又要自然，也许放在这个桥段合适。对决之前，梁博在盲选时播出时长很短，只有那英一人拍了他，大家印象很淡，普遍认为“小二班”班长、有着丰富舞台经验的黄勇更有实力。对于选手的一视同仁与尊重，是真人秀团队的职业伦理。在编导同时问了他们会选什么歌之后，学生气的梁博问黄勇：“到时候，我请他唱什么好呢？”黄勇像大哥哥似的揽住他的肩，给他

∧ 梁博没有故事

提建议。

当我走在这里的每一条街道
我的心似乎从来都不能平静
除了发动机的轰鸣和电器之音
我似乎听到了他蚀骨般的心跳……

他们互飚的这版《北京，北京》一动一静，一个是砸向人们的天寒地冻的冰雹，一个是霜冷长河的雪花，汪峰评价道："黄勇的演唱直插人心，梁博的声音孤独、有想象力，你们已经把这首歌融入了血液。"

梁博的声音在热闹的音乐气场里，有一种特别的魔力，安静、干净，一个人在大街上行走的漂泊无依与心灵沉沦，在每一句和自己的对白中，他更像一位与世隔绝的少侠，纯粹的招式出自寂寞高手的秉悟。梁博少年时的叛逆和桀骜不驯似乎天然有着摇滚的叛逆气质精神，也成就了在学员中独特的气质。

我们在这儿欢笑
我们在这儿哭泣
我们在这儿活着
也在这儿死去
我们在这儿祈祷
也在这里迷惘
我们在这儿寻找
也在这儿失去
北京、北京——

在梁博的演绎里，"欢笑"与"哭泣"，"活着"与"死去"，都有着欲扬先抑的平静，唯有唱到"也在这里迷惘——"，他祭出一个嘶哑的青涩少年，将所有的迷茫与淡定推向愤怒。

拼接碎梦，寻觅自我，每个人都有一首属于自己的《北京，北京》。庾澄庆、那英、杨坤、刘欢、汪峰，在座的五位导师，都似乎对接到了梁博版《北京，北京》所勾勒的音乐画面，然而谁又洞悉，这位曾经披着长发的不羁少年，在歌声里弥漫着对一位音乐老师逝去的忧伤。这位叫做齐文成的音乐制作人曾经想为梁博打造一张原创音乐专辑，却在 2011 年过世了，梁博得到这个消息时正在录像期间,已经滞后了将近一年！在接到齐老师助理用 QQ 发出的祝福话语后，梁博顿觉悲痛……

一年后，第二季《中国好声音》开录前，总导演金磊曾有遗憾：在做节目过程中，我们并不了解他的故事，我们并没有真正走进梁博的内心世界。

然而，另一个声音在我心底亦深深叹息：这样，也好。

不是所有的伤痛都需要分享，不是所有的故事都可以沟通，它就在那里，不必惊扰。你听，这个年轻的心声已刻画出音乐的与众不同。

一件白衬衣，一把吉他，是他的图腾。当故事的针线缝脚失之交臂，情感的暗扣却早已牵系住了他的灵魂。不苟言笑的少年逆袭年度之王，他的问鼎，几乎推翻了真人秀造星过程中所有刻意的“设计”。回归音乐，封存内心，让没有故事外衣的梁博披挂孤独的战衣，干净而纯粹。

谁又能说，这不是模式的核心与技法呢?

巅峰之夜前，梁博在北京接过李宗盛的吉他、和中国摇滚之父崔健相见时，让导演组第一次目击这个 90 后夺眶而出的热泪。汪峰在最终揭晓前嘶吼:“感谢上苍，中国的音乐终于迈入了更贴近心灵和表达灵魂的阶段！是时候了，让全世界听到来自中国，来自中国人最震撼与感动的声音！”那英站在椅子上挥舞，他们的激情助威将梁博推入《我爱你中国》的高潮时分……

发生在舞台上下的一切，才进入整个舞台的价值诉求的至高点—— 一个新生代摇滚青年的篇章在这个时刻开始续写，将节目参与者的真性情聚合释放。

灿星的音乐总监李维敏觉得，梁博有着许巍、朴树的个性，喜欢自己在音乐世界里琢磨，自己写歌和课业深造。盛典当晚，梁博非常想唱一首自己原创的歌，但节目组考虑再三觉得，在亿万人瞩目的直播现场，不是推新人新歌的时机。他接受了建议，但心中的梦想不变。这位 90 后在成为“年度好声音”前的一刻，抱着吉他向公众说出“我要唱自己写的歌”。这句听似平淡无奇的话，在三个月后和未来更多的岁月里，体现出个性的气场和较真的力量。

真实、事实、现实，是故事的起点，不是终点。

一些观众企图在荧屏实现真实，是对电视的误会；一些同行参与的指责与批判，则是观念的砥砺与碰撞；而所有导致对学员私人生活的过度起底与曝光，将电视真人秀推到了不属于自己的社会承担的道德刑椅上。受众们的欢呼或愤慨，已成为了拷问真人秀电视娱乐伦理的双刃剑。

“好故事”虽然能够为“好声音”加分，却不能取代“好声音”成为该节目的主角，“让声音成为节目唯一的主角”，是《The Voice》这一走红世界各地的节目版权方提供的核心要素，学员在电视上所有的塑造过程，故事，未必是必杀技，却融汇在东西电视语汇之中。

参考《The Voice》他国版本，故事似乎未曾占有较大的比重，即使在遭遇特殊事件时，他们仍坚持用音乐的声音说话。

2012年12月14日，美国发生了震惊世界的康州小学枪击案，恰逢《The Voice》第三季决赛前夕。如何在电视娱乐的真人秀里表达全民的哀痛？在一周的时间里，节目为决赛增加了一个环节，开场时，选手和评委每人手持一位遇害孩子名字的白色手卡，在立杆话筒前分别领唱被参赛者无数次翻唱的Leonard Cohen的《Hallelujah》，简单、庄严，不矫情、无滥觞，唯美地体现出电视真人秀的音乐人道。

B 不说故事的吴莫愁

两位90后，决战“好声音”年度之王，梁博没有“故事”，吴莫愁不说“故事”。

徐海星的故事，是由杨坤提问而启动的：

“你父亲来了吗？”

假如，四位导师都放弃问这个问题，徐海星的电视征途是否就此改写？

7月27日播出的节目里，学员吴莫愁提供了另一个版本。

杨坤：……那你爸爸现在还在唱吗？

吴莫愁：爸爸现在不唱啦。

哈林：不唱啦？

吴莫愁笑中噙泪：他不唱啦，现在换我唱啦……

哈林队进入导师考核时，她进入四强引来最大争议。刘欢对她演唱的《痒+天涯歌女》表示“听不懂”，而哈林解释，她对歌曲的演绎的确带着很大的“破坏性”；那英和杨坤也看好她的未来。有的网友评论，吴莫愁唱歌可以“吓哭孩子”，有的则惊呼，认为她就是中国乐坛的LADY GAGA。

“吴莫愁是一个极品，在她之前，从没有哪个女人的形象，可以既可爱又吓人，既性感又猥琐，既精明又傻呆，既真性情又很造作，既国际化又东北农村范，她站在矛盾的两端，在冲突的高潮，是无极，是辩证，是另类，是跑偏的人儿。”一位网友将吴莫愁的双重性点解透彻。

《爱是怀疑》的词曲作者、著名音乐人陈奂仁，为吴莫愁着迷。他写微博道：其实不是她的“破坏性”而是她的音乐性。她把演出处理得很妥当。她用的Slurs、Slides都很优美。她的Phrasing很漂亮，成熟。编曲另类但旋律的概念保持得很好，编舞和道具都很创新，而吴莫愁把这三个元素都利用得很充实，升华了她演出的整体感觉。这是高演出水准的手法。电影人程青松在9月23日发布的微博达到了近4万次的转发：“吴莫愁，在舞台上那么放肆，没心没肺，咧开牙龈大笑，拍照风格非主流的90后女生，从没在《中国好声音》的舞台上煽情。”

网络上的吴莫愁，也成为最有个性和号召力的“小魔女”，漫画高手纷纷向她发出炫技的漫画，博得“女王”没心没肺的哈哈一乐。

音乐性，成为这位20岁女孩令人关注的焦点，而不是她的经历，或者故事。

但是，更多人并不看好她能走多远。

∧ 吴莫愁：“让我逮着了！”

“不能做第一，我们就做唯一。”导师终极考核战中哈林说出这句话，似乎已经预见“年度好声音”注定与自己出位的女弟子无缘！只见他果断挥笔写下吴莫愁和王韵壹对决的分数，58:42分。但吴莫愁即使拿下他们小组的“第一”，也不会成为大众音乐伦理接纳的宠儿。哈林这位在流行音乐圈历练了近30年的音乐人已经预见。

9月30日“巅峰之夜”。吴莫愁唱《让我一次爱个够》、《陪我去看流星雨》、《一个人生活》，最末一曲，哈林泪奔。全场只有哈林一人为了这首歌泪流满面，表情扭曲几乎失控。因为他知道，不用等到现场短信开票，大众流行音乐的价值观念，也将和这个姑娘告别——她是“唯一”，不是“第一”，他甚至可以提前送她到未来的音乐大篷车上去了。

这份悲情，持续到现场直播时，主持人请他拉票。

哈林说：今天，不说拉票了，我要告诉大家的是，莫愁唱完了她想唱的歌。听她的歌，我原来只会笑，今天第一次感到悲伤。

吴莫愁：我，我觉得音乐除了快乐，也很温暖。

哈林：说好的，大篷车可以上路了，我们可以一起录音了。

一路走来的13期节目里，20岁的大一女孩吴莫愁，她有过四次机会。她可以诉说，和父亲一起唱《种太阳》的时光；她可以说，大篷车消失时，她还在方向盘的影像里狂奔；她还可以说，她为思念爸爸在左手臂上的文身……她始终不说。

每一次，故事在她嘴边成为肆无忌惮暴露的牙齿，在缝隙间快乐不羁。直到最后谢幕时分，她流泪回应导师和观众的，仍是“温暖”两字。

一个有故事的女孩，几近触摸最辉煌的顶点，却放弃了故事。

这一夜，徐海星没有出现。《中国好声音》曾经试图为她寻找的“自己”，似乎已离她远去。三个月间，从网络大量转发的性感照片的舆论口水中，她开始学会如何和公众交换真诚的方式。只要她选择继续被电视，挫折，未必不是收获。

“我也不知道怎么就让我逮着了”、“希望我能正确感染到”，一路征战，荧屏上的吴莫愁用歌声和个性语言展露着90后的率真与随性；而在网络上，一些粉丝正在传播她话筒外的人生。

和徐海星的案例截然相反，吴莫愁看似波澜不惊的故事的信息片段，在节目外，完整传输为一个递加分数的故事过程。失去父爱的莫愁，私下也是一位有情有义的女孩，赛后已经成名的她，有一天得知导演 Yuki 过生日，突然赶到现场唱歌助兴，Yuki 意外之余告诉我，也许因为她们都是父亲早逝的女孩，才格外珍惜这样的姐妹情。

吴莫愁最终以超过 45% 的支持率，赢得央视《梦想合唱团》上海队长的身份，更在总决赛直播被淘汰时瞬间泪如雨下。这位从未在节目中为自己流泪的东北女孩，为自己的团队荣誉来了一次脆弱爆发。快乐的天真与极速的感伤，成为她一张面孔可以胜任的两个表情。

“她是每个人心中的妖魔鬼怪，也是能够承载正能量的发光体。”最令导演宋静骄傲的是，“她从一个不被理解的‘负面’评价典型，成功翻盘，成为音乐的弄潮儿、90 后新生代的代表。”夸张的造型和变形的唱腔，不羁的个性和享受音乐的态度，莫愁正获得公共舆论越来越多的和解与推崇。

争议一出，导演组暗自得意，因为肯定或否定吴莫愁，“都是节目成功的一面”。达达认为：“打开国人审美的宽度和维度，是国人阶段性缺失的课程，通过《中国好声音》这样的节目可以打开大众的审美视野，这也是本土化与国际化接轨的一部分。”不煽情、不随波逐流、“破坏性”、“摧毁后的重建”……这些概念串联起来的“新锐”，是对她音乐和个性的最大肯定，并继续拓展和引领文化外延。

故事，可以有地点；梦想，却无以设边界。少女莫愁随父亲大篷车巡唱的画面就像一个音乐寓言，勾勒出一个野蛮生长、自由乖张的中国民间音乐传奇。

中国电视应该怎样讲故事？

是如何用现代的技术传播人文的气场。

是如何用当下的话语诉说时代的情怀。

是如何用精英的舞台成就草根的梦想。

他们是 20 世纪 80 年代的《渴望》，90 年代的“春晚”，2006 年的《士兵突击》，2008 年的北京奥运会开幕式，2010 年的《中国达人秀》，2012 年的《中国好声音》，2013 年的“中国梦”……

第二章

电视的思维

这样的表情，一经面对，便无以逃遁。
因为，谁又能否认，她就是上世纪一幅叫做《父亲》的油画，
在 21 世纪的流水线下，换了一种符号扑面而来？！

李代沫
吉克隽逸
菜花甜妈
多亮
周礼虎
邹宏宇
郑虹
黄舒骏
伊能静
周立波
西蒙
苏珊大妈

1 设计与反设计

西蒙·考威尔意味深长地瞥了一眼稿纸，
说：苏珊，当你一走进来时，
我就知道你身怀绝技……
事实也被我说中了。

A 苏珊大妈摆拍“啃”苹果?

苏珊大妈首次来到中国演唱，是在2011年7月10日的第二季《中国达人秀》盛典上，上海八万人体育场。直播中，发生了一个小插曲。晚会把苏珊大妈的正式演唱作为高潮，压在较后的部分。接近23点时，一小部分观众为了赶乘最后一班地铁离场，在工作车上休息的苏珊大妈发现了车外的动静，情绪不安起来，要求马上演唱。导演连忙和她解释：在电视机前，有更多的中国观众坐等着她的演唱，才把她安抚下来。

她最在乎的，是观众。苏珊大妈已经有了职业歌手的经验。而全世界亿万观众认识她，是从“啃苹果”的她和演唱名曲《我曾有梦》开始。

“……根据《英国达人》的分镜头脚本，镜头先让苏珊大妈淹没在人山人海的报名队伍中——她太平淡无奇了。随后，镜头找到了她，穿着一身粗布裙的苏珊，正在啃苹果。啃苹果是事先设计的。英国版权方代表谭欣告诉《南方周末》记者，一个有教养的英国女人是不会在公众场合啃苹果的，苏珊大妈这样做了，就会给观众留下印象——举止粗俗的平民。”2010年10月20日的《南方周末》的整版报道“不设计，无达人——中国达人秀的英国红皮书”曾经这样描述道。

事实上，苏珊大妈没有“啃苹果”，也没置身于“人山人海的报名队伍中”，她匆匆往嘴里塞苹果的镜头，出现在《英国达人》中不足一秒，在她登场的前传里。

“苏珊大妈啃苹果是脚本设计的”的说法，不胫而走，甚至成为业界“公开的秘密”。以我对《中国达人秀》和《中国好声音》制作现场的目击和参与节目的经验来说，这样的说法相当可疑。为此，我特意求证该报道中的“当事人”谭欣，问她：

“你对记者是如何表述的？苏珊大妈啃苹果的动作是根据设计摆拍的吗？”

谭欣告诉我，“前传”导演在Holding room（选手等候区）抓拍了候选达人的大量镜头，在选材剪辑中，选取了苏珊大妈啃苹果的片刻，后期剪辑导演组认为这个动作和她的身份背景很贴，因此成为剪辑脚本中采用的第一个镜头。

这让我回想起 2012 年 2 月，在英国伦敦《英国达人》录制现场，我和主持人程雷一起有幸进入他们的侧幕。节目录制间隙中，我们和主持人“Ant & Dec”组合进行短暂的交流。Dec 在拍照时还为我的橙色手机壳叫好。后来我们又来到剧场不远处的选手等候区。300 平方米左右的空间里有 4–6 部摄像机处于工作状态，每部摄像机边都有一位导演，当日候场的达人有 10 组左右。镜头前，有时是导演对选手的一对一采访，而有时，摄像机则以“慧眼”抓拍选手的细节和习惯动作，没有导演把选手当作演员那样准备台词和规定动作的情形。和“宝典”中的规范一样，《中国达人秀》的情况也大致相符。

电视真人秀的选手前传“剪辑脚本”更多的是蒙太奇手法，不同于电视剧的“分镜头剧本”。相对于电视剧的摆拍，真人秀的蒙太奇大多采用的是叙述蒙太奇方式：规定情境的采访、游机采集的素材、舞台实景的素材等，在后期混剪成最为浓缩精华的 15–30 秒。相当于在四句歌词的时间长度里，

∧ 2012 年《英国达人》录制现场侧幕，作者和主持人 Ant & Dec 合影

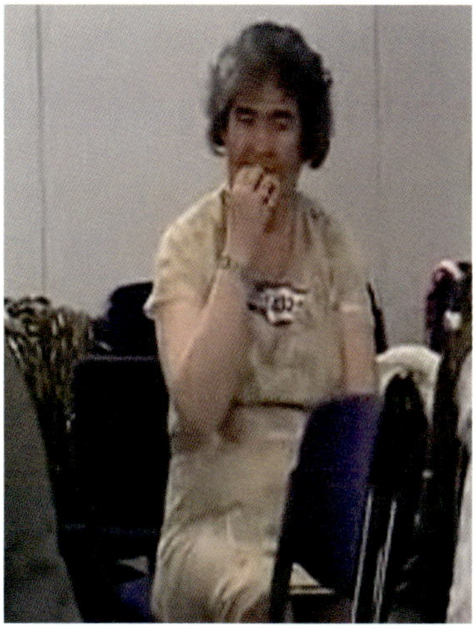

＜苏珊大妈吃苹果（图像截屏）

去捕捉一个人的神韵和记录他们的备战状态。

细分苏珊大妈的30秒，有四个场景穿插：预设的选手等候区、侧幕和主持人交流、游机中选手自然的动态、表演现场。剪辑脚本选取的素材至少涉及了四个岗位的导演素材带，以事先写好的“分镜头剧本”安排摆拍很难操作。

那么，“啃苹果”的镜头为何不能在预设中单独摆拍呢？回放那个场景，可以发现，苏珊大妈的两旁还坐着其他两位等候表演的达人，他们似乎发现了摄像机，匆匆从两边站起闪开。

现实中，即使在三年后的今天，已跻身亿万富婆行列的苏珊大妈，在生活中的点滴依然为我们提供了同样质感的“镜头”。据海外媒体报道，节衣缩食的她，平时喜欢去每件1英镑的商店采购廉价商品和搭公交车，她说：“因为我成名的过程太迅速，我很害怕这一切也会在转瞬间消失。我依然战战兢兢，但现在已经放松许多。”她不在意活在别人的视线里，保持着自己“平民”的调调。苏珊大妈习以为常的举手投足，已无必要让她在达人等候区的众目睽睽之下刻意摆拍，若以强化她在公共场所“啃苹果”显示她是“举止粗俗的平民”，对于英国电视团队和她个人，都是非常拧巴的事情。

“啃苹果”后的第二个画面，苏珊大妈对主持人说：“我叫Susan Boyle，快要48岁了。目前和我的猫咪Pebbles住在一起，我没结过婚，也从来没有接吻过，真是遗憾！哈哈……”

然后场景切换到侧台。“你现在紧张吗？”主持人问。

“当然。”

镜头切向等待中的观众席和舞台现场。

主持人：“你有很多表演经验吗？”

“我从 12 岁就开始了。我一直希望能在一大群观众面前表演，我要让他们为我疯狂。”她郑重其事地踩着高跟鞋迈着正步走向舞台中心，后期音效配着喜剧的节奏。

啃苹果的情景、土气的裙子、蓬乱的头发、中气十足的话音交织在一起，衬托出一位普通的英国中老年村妇的气质，她开朗、直率、自信，优雅和怯懦与她无缘。

有设计吗？有。但不是记者想象中完全的“脚本”设计和摆拍执行。

在制作粗糙的电视真人秀中，选手的介绍，就是对着镜头报简历，再多一点，就是来一句标志性口号。而在原版引进的真人秀中，屏幕中匆匆而过的 10 秒、15 秒、30 秒，交代形形色色的选手，并不需要激情口号，除了规定情境下的提问与互动，更需要在最真实自然状态下攫取对象的特质。用最大的“设计”来保证“无设计”，才是电视“真人秀”的境界。从这个意义上说，《南方周末》的整版报道，虽然对于电视真人秀的理解有失偏颇，但“不设计，无达人”的六字标题可谓箴言。

它也许是脱口秀女孩张冯喜荡在靠背椅上摆动的小腿：让你通过女孩和椅子的比例，一眼看清女孩的年龄大小；

也许是无臂钢琴师刘伟晃动的衣袖：让你瞬间明白这是一位特殊人士来到这里；

又或许是“菜花甜妈”在镜子前晃动的小辫子和围裙：一位带着市井气的主妇即将上场……

剪辑的画面构成每位达人的背景特质，和即将发生的舞台表演，互相铺垫或形成翻转。在苏珊大妈的案例中，“先抑后扬”的翻转“设计”是最见功夫的桥段。

前传的尾声，镜头跟随苏珊大妈驾驭着并不擅长的白色细高跟鞋，“雄赳赳”地步入舞台。

评委席上，西蒙问：“你来自哪里？”

苏珊大妈：“我从 West Lothian 来的。”

西蒙：“那是个大城市吗？”

“那应该是一群、一堆、一些……一群村庄组成的……我的反应不够快啦。”苏珊大妈略显语无伦次，不过很快，她以自嘲控制住了局面。

西蒙：“你多大了？”

苏珊大妈：“我 47 岁了。”

特写中，西蒙的招牌表情：眼睛夸张地瞪大并向上翻了一下。

苏珊大妈左手叉腰扭着屁股：“别小看了我哦。”

西蒙吐了一口气：“你的梦想是什么？”

“想成为一个职业歌手，我的偶像是伊莲·佩姬。”

观众席上发出些许不可思议的声响。苏珊大妈向侧幕做了可以放音乐的手势，“一鸣惊人”的演唱——《我曾有梦》开始了：

“I dreamed a dream in time gone by

When hope was high……”

“时光荏苒，梦境再次到来……”特写中，苏珊大妈肥硕滚圆的双下巴和评委惊异的眼神、观众的喝彩交汇在了一起。

唱完歌曲的苏珊大妈径自走下台口，被评委唤回。

评委皮尔斯说：“毫无疑问，这是我过去三年的评审生涯中最惊喜的表演。当你说想成为伊莲·佩姬一样的歌星时，大家都在嘲笑你，现在没有一个人敢笑你，这是一个令人震惊、超高水准的表演。”

西蒙·考威尔意味深长地瞥了一眼稿纸，说：苏珊，当你一走进来时，我就知道你身怀绝技……事实也被我说中了。

舞台上的苏珊：噢！西蒙，不会吧？！

侧幕的主持人打趣：（他这么说）你能拿他怎么办？

西蒙最后说：苏珊，你可以骄傲地衣锦还乡了！你得到三个 Yes！

西蒙是在“演戏”？还是“事后诸葛亮”？请注意“衣锦还乡”这个词汇的妙处，它透露了西蒙在苏珊大妈放歌前，对她采访所做的首尾呼应。

西蒙在苏珊大妈正式表演前问“那是个大城市吗”？看似漫不经心，实则暗藏玄机。苏珊大妈的回答是否认“大城市”，势必强化乡村背景的信息，让这位来自“小地方”的47岁的大妈，和她想成为明星的宏大“梦想”之间，构成悬念与反差——她靠谱吗？！

而后，苏珊大妈即将用她千锤百炼的《我曾有梦》征服舞台。选择这首曲目的本身，也成为与命运抗争、坚持梦想、寻求自我突破的象征。

……所有这些，构成《英国达人》中最为经典的一幕，诠释了设计“先抑后扬”、“一鸣惊人”舞台效果的所有涵义，被称为达人秀宝典中的“Bigger story”（大故事）。无外形、无妙龄、无工作、无婚姻的“四无”苏珊大妈，差点问鼎第三季《英国达人》的冠军，成为全球最富传奇色彩的草根明星，一夜走红。美国《娱乐周刊》的著名记者施瓦茨·鲍姆当时在博客上写道：如今的大众流行文化充斥着外形包装，而苏珊·博伊尔毫无矫饰的艺术力量“重新定义了美丽的衡量标准”。此语道出《英国达人》对电视审美价值的重塑与贡献：其一，通过苏珊大妈，颠覆了以貌取人的大众娱乐文化；其二，为全世界的电视选秀节目的技巧，提供了“麻雀变凤凰”的范本——

① 前传剪辑脚本锁定选手特质；

② 现场评委提问放大选手背景；

③ 整体翻转设计决定单元价值。

苏珊大妈进入《英国达人》的第一秒，苹果，就是她自己带来的人生。成千上万带着不同梦想一展绝技的达人之中，这个符号只属于苏珊大妈。

8 为什么问卓君“县里面的”？

在第二季《中国达人秀》中，评委周立波在对达人卓君的初选（2011 年 6 月 5 日）提问中，也发生过似曾相识的一幕。

“你好，小伙子，请问来自哪里？”

“老师好，我来自广西南宁市武鸣县。”

“县里面的？”

“对。”

“今年多大？”

“19 岁。”

“还在读书吗？”

“对，在广西南宁市机电学院。”

“机电学院？那是大学？”

“当然啦。”

……

卓君夺冠后，一篇题为《周立波在达人秀上秀出了什么》的文章刊登在《上海商报》上，离 2011 年 7 月 10 日第二季《中国达人秀》盛典落下帷幕不足 30 个小时。

文中有一段文字写道：“之前周立波在复赛时，对卓君的点评就已显现出了这一点，当他听卓君说自己来自广西南宁的一个县之后，立即用一种夸张的语气和不屑的表情说了一句：‘县里面的’。可是，就是这一句‘县里面的’，把周立波的可怜的优越感和内心引以为豪的东西显露了出来。”

署名张生的同济大学教授的文章引起了多方媒体的聚焦，也引起了周立波在微博上的激烈反弹。综合录像现场和剪辑效果，张生先生对这个场景的判断，可能进入了一个误区。

事实上，在“达人秀”节目里，评委面对每一位上台的表演者，都有一份基础资料。无论西蒙面对苏珊大妈，还是周立波面对卓君。镜头中，大家可以轻易发现他们手中的纸张，这是节目不曾回避的细节。

∧ 对着电脑学舞的卓君得到了专业舞群为其伴舞

“卓君是村里走出来的唯一大学生”——三位评委已经掌握的信息，要在两分钟的采访中，不显山露水地向观众交代，考验临场技巧。

周立波的一句“县里面的”，是故意抛给卓君的话头，压迫他向在座上千名观众聚焦这一信息。而在当时，卓君还并未接受这个“暗示”，简单应答了一个“对”字。

我们看到，接下来伊能静发力了，她从周立波“县里面的”直接接轨到了“小村落”——

伊能静："卓君，请问一下，在你们的小村落里，只有你一名大学生吗？"

"对啊。"

"当他们得知你考上大学时，家人是不是很开心？"

卓君："当然啦。"

伊能静以设问句锁定卓君的背景后，周立波再度启动规定提问——

"你的梦想是什么？"

"让更多的人知道广西南宁有街舞达人，我那里的小山村有街舞达人，就是我！"

1 分 28 秒。周立波的因势利导和伊能静的情感着陆，共同激发了卓君的自信和可爱。他的口头禅"当然啦——"也由此成为标志。卓君的梦想：要让街舞走出一个"我"——这一个我，是从"村里面的"、"县里面的"、"南宁市里面的"走出的一个"我"！

周立波的"县里面的"和《英国达人》中西蒙的对苏珊大妈求证"那是个大城市吗"有着异曲同工之妙。

西蒙的狡黠在于，他明知道"West Lothian"算不上大城市，却以反问的方式让苏珊大妈重申她来自乡村集群。而周立波听到卓君说出"广西南宁市武鸣县"，则直击"县里面的"，试图引出卓君说出家乡背景；伊能静则策应点题，锁定选手是"来自小村落的唯一大学生"；为了化解观众对小村落出大学生的"不平等"视角，她又在家人情感上补充了着陆点，可谓机智。

有些时候，评委所作的信息强调，恰恰是为了铺垫达人和节目做了"牺牲"。曾客串担任评委的小崔、倪萍，伊能静、高晓松以及来自台湾的黄舒骏，在和草根选手交流时亦非常坦诚，没有身段。

没有人是他人命运的裁判，表达态度，传递情感，模糊和草根之间的身份识别，是有悟性的评委价值伦理的一部分。

C 谁站在了周立波和徐铮之间?

2012年岁末，电影《泰囧》即将下档之时，网络引发了一场周立波和徐铮的隔空争议。

徐铮在凤凰卫视《非常道》节目里谈到周立波，肯定其早期的水准，也指出近来“表演技术草率”等，引起周立波在微博上不点名的回讽。此语遭遇一位网友忿然反击，并晒出了周立波的激烈回应。这条微博被正值话题空档的新浪置于热点标题头条，将快人快语的周立波导入更大的非议。48小时后，他首度关闭了微博评论权限。周立波言论的方式，天真与暴力并存，机锋与失语同构，通过微博这个即时自媒体，被无限扩散。

对于任何一位公众人物来说，这样的反应不算成熟，却也离圆滑更远。没有人能读懂一个双重的周立波，但是，当他现出“坏孩子”的样子时，并不是所有的智慧和悲天悯人都将离席而去。

很少人知道,《泰囧》和《中国达人秀》有关，和《中国达人秀》中的周立波有关。周立波和徐铮之间，还站着一位草根选手，她的名字叫雍梦婷。

达人雍梦婷——一个来自上海松江流水线的女工（现已离职），是王宝强扮演的王宝的人物原型。“你咋知道的？”《泰囧》里，王宝的终极询问，出自这位河南妹子在舞台上极致的率真。

2012年12月12日，电影《泰囧》首映前在上海举行新闻发布会，徐铮对现场记者们坦言：“‘达人秀’节目中有一位选手，是一位很不能让人接受的非主流的女孩儿，她上去跳一段舞，所有人都在笑她，她说她是流水线上的一个工人，在她跳了一段特别可笑的舞以后，观众笑得不行了……”

他诚恳而严肃地追忆那一时刻的感受：“我觉得那一段我看了以后感触特别深，我觉得她给我们大家扇了一个大嘴巴子，她触动了你某一种情感。所以我想象在这个世界上，有很多和我们价值观不同的人，也许他在你看来很二很缺，但也许他身上藏着让你感动的故事。”彼时,《泰囧》尚未上演，谁也没有料想它的票房会像一匹脱缰的野马闯关10亿，谁也不会在意这个人物所赋予导演的情感胎记。

〈 周立波与徐峥

当然，更没有人知道，这一案例，正是第二季《中国达人秀》中“反设计”的经典之作。

雍梦婷的录制时间是在2011年4月22日，上海音乐厅。

被副总导演沈宁称为“我们的黄毛”的雍梦婷，一头金黄蓬发，廉价的舞衣、庸常的样貌、偏胖的身材，自称“非主流”。她不着调的狂舞和无厘头的话语引发现场千人狂笑。

在真人秀的“选咖”类型里，雍梦婷是一朵时下标准的“奇葩”，她无畏率真的个性，具备“ Fanny（搞笑）咖”的潜质。但在原版制作宝典里，介于小故事和主题蒙太奇里，调剂观众的欣赏节奏与口味。

就是这样一个也许葬身废片的“疯女孩”，最后成就了一个8分钟的中型故事。2011年5月节目播出后，仅新浪视频就有17万的点击流量。

雍梦婷一出场，台下的观众就开始笑了，伊能静和高晓松也掠过不可思议的眼光，只有周立波用最专注的眼神打量着她，亲切地叫她“妹妹”。自信而无畏的雍梦婷狂扭自创的迪斯科，观众笑得前仰后合、难以自持。周立波问：“你是否一直在迪厅跳舞？”

她反问：“ 你怎么知道的？”

现场爆笑，周立波却保持冷静。他一眼不眨地看着眼前独舞后的女孩，独自探索这位外来打工妹的内心世界。拐点出现在3分钟时，周立波启动了他的与众不同，他问处于亢奋中的雍梦婷——

> 狂舞的雍梦婷有一点痛

“你开心吗？”

这个问号瞬间将快乐的现场逆转。

特写中，化着浓妆的雍梦婷，表情凝重，她顿了一下说：“其实，我也不开心。”在肢体狂舞中刹那冷却下来的这位河南打工妹，打开了她的内心，诉说起了她爸爸的事，这是她第一次站在一个舞台上对陌生观众剖白心迹：她的爸爸在她出来打工前遭遇车祸并患上重病，她的梦想是想用跳舞让爸爸知道，并为她高兴。

“请你再跳一个舞，为了爸爸。”伊能静说。

这位自称“非主流”的女孩用更狂热的动作，在相同的音乐下，跳了相

∧ 全场爆笑，他却肃穆

似的舞——这，就是她唯一的才艺！压抑或者宣泄，她用狂舞的棱角撞击着生活的疼痛。

周立波说：“你很让我感动，因为你让我看到太多舞蹈以外的东西……”

“什么东西啊？”懵懂的她让现场再度失笑。

而另一部分耳朵，开始凝听她对这个无法掌握的生存世界的发问。

舞蹈之外是什么东西？重症父亲崴着脚在大棚作业是什么东西？每月2000元收入依然在迪厅狂舞是什么东西？

《泰囧》王宝的“天真”，交叠着“达人秀”雍梦婷的茫然。曾经目击录像素材里现场高分贝的笑声，在多机位架构的舞台时空中，唯有人文情怀的编导才可以捕捉心灵缝隙间的安静。导演团队在观众喧嚣的镜头里，打捞起一张、两张陷入思索的面容。正是这样的面容，更多这样的面容，可以把雍梦婷们从迪厅的噪音和流水线的混响中细分出来，在茫茫打工妹的爱与哀愁中，找到真实的荒诞。

生命需要唤醒。她的舞蹈倔强恣意，她的话语无辜无畏，然而，所有的不搭，慢慢滋生成一种隐痛的笔触，描摹着中国当下打工妹的生存表情。这样的表情，一经面对，便无以逃遁。因为，谁又能否认，她就是上世纪一幅叫做《父亲》的油画，在21世纪的流水线下，换了一种符号扑面而来？！

节目播出后，在网友们自发上传的视频里，有一个标题即为“世界是残酷的”。我们无法指责爆笑，我们也无须掩饰分贝中的冷漠，所有这些，在电视传播中被成倍地放大。但是，电视真人秀依然可以透视稍纵即逝的伤感，拥抱集体情绪下独立绽放的人性之光。

一味地爆笑是残酷的，一味地怜悯更是滥情的。喧嚣与冷漠、感动与释怀，唯有电视真人秀的真诚，才能记录并催生这五味杂陈的场景。

雍梦婷的第二段舞蹈，收视率瞬间飙升。重复的舞姿，异化的悲喜，在那个时刻，已经被赋予了不同的涵义。周立波停顿了一秒，抹去眼角的眼泪，他反常规地率先对着在汗水中茫然地站在舞台上的雍梦婷，在满场蒸腾的欢笑中，有力地喊出“Yes”！

在听到这个“Yes”后，雍梦婷热泪盈眶。掌声响起。

不可思议的晋级，与才艺无关的过关。同情之上的人性解码，让更多的心灵得到片刻救赎。她是达人吗？她不是达人吗？还有什么比她们走上舞台，获得应有的尊严更为重要？

“我难过的不是她遇到的苦难，也不是她并不知道自己受到了困难，而是她让我知道了她不知道自己在经受苦难。”抹去泪水的周立波对着雍梦婷离去的舞台，转身对现场观众说道。他想在无意悲伤的观众那里达成和解，却注定在某些时刻成为最生动和孤独的哲学家。

徐铮被这个故事打到了，他让王宝强成为银幕上的“雍梦婷”，在一头黄发满嘴天真的“你咋知道的”口头禅下，在“傻缺”那里勾勒精英“感动的故事”。半年后他拿出自己的电影，公开提到了“达人秀”、雍梦婷，并未提及周立波。而他们和“雍梦婷”们之间，有着太多不能完成的对话——

一个都市成功男人如何解读一个农村打工者的悲喜？一个脱口秀搞笑高手怎样平抑世俗的嘲讽喧嚣？一个享尽话语权的评委又何以呵护草根的尊严？一位喜剧导演的创意原点如何旋转起令他感动的陀螺？

一个习惯嘲笑雍梦婷的社会是可悲的，一个愿意倾听雍梦婷的时代是强大的。聚焦这个“非主流”打工妹，徐铮和周立波的人生刻度，已经自动站队。这种站队，远比隔空对峙高级。

2 电视的语境

"我觉得让她唱 Lady GaGa，
这节目够变态，
但我不觉得这节目够真实。"

——章骊

A “送你葱”——趋同思维和异质思维

天后王菲第一次为电视节目发微博，是在2011年5月26日，为第二季《中国达人秀》菜花甜妈的“神曲”《送你葱》转发视频并鼓掌。

而后，众明星加入了转发赞叹的行列，“全球流行音乐”的微博也自发加入推荐转发的阵营，著名音乐人、作曲家杨海潮评论道：“好美丽，描绘它的人大都平凡，这歌声太棒了！”中唱音乐总监王厚明说：“民间真的有高人，高音真的很轻松上去。”

“菜花甜妈”原名蔡洪平，从安徽来沪打工多年，曾在上海郊区菜场的摊位卖菜。她在舞台上把帕瓦罗蒂歌剧《今夜无人入眠》改编成了卖菜歌《送你葱》。这首世界名曲的中文版变成了：“鸡腿、鸡翅膀，鸭腿、鸭翅膀，胡萝卜、番茄和大葱，芥菜、香菜、芹菜、大白菜、辣椒，西兰花、黄瓜、四季豆、刀豆、青橄榄，快来买吧，送你葱！”

在东方卫视第二季“达人秀”启动的节目“达人春晚”上，菜花甜妈曾经来过，她惟妙惟肖地演唱国外歌曲的节目，在上海东视的演播厅里，甚至出现了几个拿着荧光板的粉丝，但是她的表现并不惊人。所以在第二季的现场，人们怀疑她是否具备翻转实力。

但是，没有在800平米爆棚的菜花甜妈，彻底征服了音乐圣殿上海音乐厅，《送你葱》让观众全场起立，让评委瞠目结舌。

“我一直很喜欢帕瓦罗蒂。有一天吃饭看菜时，看到准备下锅的一堆菜，突然灵感爆发，想把菜名记下来唱唱试试，就自编了《送你葱》这个歌。”她介绍说。而在上海买菜，讨价还价后，小贩“送你葱”的确是约定俗成的场景。

黄舒骏评价道：“我拿到歌词的时候在想，这哪里是首歌，分明就是菜名嘛，不可能令人感动的。没有人会唱“送你葱”令人感动的，不可能的！没想到你唱过以后我依然感动，而且令我全身都发麻了！”伊能静对她说：“甜妈，我听了你的演唱我激动得流泪了！我深信你说音乐就是你的生命，这句话真的在你身上成立。尽管你唱的是“送你葱”，但是我听到的依然是帕瓦罗蒂一样的感动！”周立波评价：“了不起，太了不起了。甜妈，你的声音征服了我！你以后要出现在世界的舞台，把所有老外都唱成葱。”.

最后，黄舒骏说：“过去老外学到的第一句中文可能是‘我爱你’，而相信当你出现在世界的舞台，从此大家知道的第一句话就是——” 他和周立波异口同声地说出：“送你葱！”

由此，“送你葱”这三个字成为“达人秀”迄今为止获得公众主动传播的最流行词汇，入选 2011 年热门词汇、百度词条和百科名片。

但是这根葱在送出之前，却并不简单。

副总导演章骊回忆道：那天我们面试将近 40 个节目，可是等到晚上 12

∧ 菜花甜妈的“送你葱”唱进了人民大会堂

点，菜花甜妈还是等在上海宾馆的门口，坐在地上。我记得最后两个人一个是安东，一个菜花甜妈。菜花甜妈先进来，她说导演我来过你们节目，上达人春晚，我今天再唱首歌。然后她依然会唱那些，她作为一个“素人”（未经包装的选手）唱的歌剧节目，可是因为那一天已经有了四喜丸子，我们已经找到这么一个特殊的选手。

菜花甜妈那天给导演们唱英文歌，章骊坐在那儿听了很长时间，总觉得菜花甜妈少了一些什么东西，让她先到外面休息一下，容他们再考虑一下。菜花甜妈急哭了，问：“你们为什么不喜欢我？”

在趋同思维模式下，一位卖菜阿姨唱西洋歌剧，已经具备了真人秀才艺的本钱，但是这与她之前在“花儿朵朵”节目里表现重复，也和已有的选手四喜丸子相似；“异质思维”的模式，需要的是另辟蹊径的表达。一个小时后，章骊在和体操达人安东沟通完后，再次面对菜花甜妈和她的眼泪。

菜花甜妈问他们：“我能不能唱 Lady GaGa？”理性的章骊再次否定了这个方案。

“我觉得让她唱 Lady GaGa，这节目够变态，不觉得这节目够真实。”在电视真人秀的语境下，他反对重复他人的趋同思维，但他亦不让想出位的异质思维超越人物的本质，让才艺脱离达人个体的灵魂而仅仅成为耍弄的噱头。

章骊接受了一位导演的提议，决定让她再试试另一首“不太自信”的歌。“菜花甜妈一直很不自信这首歌，她觉得这首歌很不上台面的，没机会唱的，我说你唱唱看呗。然后菜花甜妈就唱了唱。我们听着、听着就不对了，这歌怎么是这样？突然，我们发觉找到感觉了，这个“素人”大妈身上蕴藏着一种非常特殊的特质，而且这个才艺本身具有我们所说的所谓变态、反差的特质，于是我们当时就告诉她说，菜花甜妈你就唱这首《送你葱》，你好好练，你可以在这个舞台上找到你自己。”章骊在达人总结会上说道。

“我的梦想，是让更多的人听到我的歌。”菜花甜妈站上音乐厅的舞台时还是非常忐忑，觉得这首歌不上台面，她上过的选秀节目和其他的小演出，从来没有人会鼓励她唱这首歌。在得到如雷贯耳的掌声后，她依然不敢相信，为什么观众会为这样俗气的歌词喝彩？问主持人程雷：“这个歌你们觉得真的很好听吗？”在第二轮比赛准备冲击年度盛典的时候，节目组事先请音乐学院的老师帮助她和四喜丸子提高技艺，这一次，她想告诉从来不看好她唱歌的白领女儿“我也可以去人民大会堂了”。

但是，所有的这些准备，能否让她的“葱”继续飘香？

人民大会堂录像时刻，同样是草根唱歌剧的选手“四喜丸子”，因为紧张唱走了调，伊能静给他第二次起调的机会，并为他打起了拍子，还是未能阻止他的荒腔走板。中国草根百姓演绎西方经典歌剧的一幕是否昙花一现？中国达人版的苏珊大妈是否可以真正成立？面对近百家媒体和观众见证，成败在此一曲。

上台半小时前，菜花甜妈有些紧张，但是，她不想成为第二个“四喜丸子”，一道和面团一样的“荤菜”，而要成为一棵盛开的“菜花”。结果，她顶住了压力，在专业的伴唱下发挥稳定，如愿挺进决赛，获得了在终盘达人盛典中和苏珊大妈同台的机会。

2011 年 7 月 10 日晚，苏珊大妈首度中国之行亮相上海八万人体育场，并用汉语说出“送你葱”，她和菜花甜妈拥抱亲吻互送礼物。换下了围裙穿上了礼服的菜花甜妈，用意大利语演唱经典歌剧，第一次登上八万人体育场并压住了台。周立波在直播现场起身称赞：“菜花甜妈曾说，跟苏珊大妈同台是她终生的荣耀，我要说，这也是苏珊大妈终生的荣耀！”他带领全场欢呼“送你葱”，使这三个字再次成为草根励志的符号。

近 50 岁的英国大妈和中国 55 岁的菜花甜妈在《中国达人秀》的际遇，是电视真人秀“草根变明星”之文化语境，也是进入 21 世纪东西文明通过大众电视语汇建立起来的审美共识。

“在节目的尾声，你突然在意大利语的庄严的歌声当中仿佛又听到了那种‘送你葱’又来了，所有人都哄堂大笑，我觉得也许就是菜花甜妈这样的人蕴藏着一种所谓的‘变态’，特殊的反差气质。”

章骊在菜花甜妈身上，经典地验证了电视真人秀的王道：导演如何启动异质思维，成就独特的电视符号。

8 王隽逸·SUMMER·吉克隽逸

她出现在舞台的时候，是初赛录制尾声阶段的高潮。

空灵悠扬的民歌“阿杰鲁……”唱出，转瞬组接了《I Feel Good》的激情四射，吉克隽逸是张玮之后第二个敢于唱歌时和转身导师互动的学员，并把热烈置于歌词的各个爆点。

四位导师亢奋转椅，现场观众被这个民族风混搭国际风的女孩子火速燃烧，吉克隽逸输出的音符，构筑了电视真人秀的双重语境：空灵民族风＋热辣国际风。

绿底粉花的青春穿着背心短裙，藏蓝紫花的人生开叉斜襟长衣，黑色俏丽的女儿相携气定神闲的母亲。太过返璞归真的学员流水线一样地过去，出现这样一幅绚丽的母女图，浓烈得让人猝不及防。

这一单元时长 16 分钟，少有的篇幅，而且是唯一一次学员家属进入主舞台表演。吉克隽逸在和导师互动时，提到自己的音乐缘起是妈妈，凉山彝族“小山村唯一的大学生”、得过外国歌曲比赛第一名的妈妈，为了她的成长，放弃了音乐之路。“女儿身上寄托了妈妈的梦想。”杨坤适时请出了她的传奇妈妈。端庄秀丽的妈妈上台后，落落大方地清唱了一曲《草帽歌》。这对养眼的母女花彪炳着两个时代的音符，再度获得了满堂彩。此情此景，让哈林说出了“金句”：女儿唱出了青春，妈妈唱出了人生。

导师刘欢被母女花选中，他骄傲地挥手致意，恍然间，似乎已提前诞生了冠军。导师们分别给了母女两个拥抱，这个女孩身上承载着这两代人的梦想，带着民族风情银饰的母女，那么具体而美丽。

吉克隽逸总是不由自主地谈到妈妈。妈妈从小给她国外流行歌曲的耳濡目染；妈妈不轻易说爱，在她上场前拥抱她说“阿杰鲁”（不要怕）；妈妈去北京看她要坐三天的火车，只能在候车室的座椅上打瞌睡；妈妈交给她三个词：快乐、健康、善良。几乎没有谁的妈妈，还能够有这样丰富的音乐气息和饱满的情感纽带。

独特的彝族原创歌曲开头组接英文热曲——《阿杰鲁（不要怕）+I Feel

^ 吉克隽逸母女在台上

Good》一个彝族女孩唱英文歌是一种反差，混搭国际风，则又超越了这一层面。是谁打造了吉克隽逸的“民族风+国际风”？

面试吉克隽逸那天正值第二期节目播出，7月21日，这位肤色黝黑的彝族女孩带给导演组的，竟然是25首英文歌！入行20年，音乐总监李维敏听过太多的唱英文歌的酒吧歌手，他希望从这位女孩的“民族”原点上找到灵感。副总导演达达让吉克隽逸推荐自己喜欢唱的民歌曲目，吉克隽逸说出了《阿杰鲁（不要怕）》，但没有把握在盲选中唱，还是希望唱她最擅长的英文歌。25首唱得滚瓜烂熟的英文歌是她四年的积累，而对于达达来说，不过是一张似曾相识的京城酒吧歌单。

导演组决定将《不要怕》嫁接一首英文歌，而且这种混搭，既要做出强烈的反差，又要符合音乐的内在机理。远山雾绕的极致空灵，追加“大强度的又不为大家熟知的英文歌”，他们最后敲定了灵魂乐教父James Brown的《I Feel Good》。录过小样，再交给乐队王笑冬编曲。

“她还是比较抗拒，”导演回想这一幕时说，“因为她从来没有这样唱过歌。”身上的民族图案绕脖背心裙，也是由导演陪着去一家国际连锁流行品牌店里购置的，这样的国际风混搭民族风的服装，她是最能hold住的女王。

在她已经圆熟的国际风里，回溯她原生态的民族风，将与生俱来的本色与天赋，取代已经跑偏的都市时尚泡沫。

“好声音”团队拒绝重复，吉克隽逸便在此刻诞生。21 岁之前的王隽逸、22–24 岁的 Summer 通通让道。24 岁的吉克隽逸，完成了女孩成长的三个转身。

2009 年，王隽逸在《快乐女生》广州赛区的比赛中唱了一首中规中矩的《Big girls don't cry》（女孩不哭）后被曾轶可淘汰，未进入前 20。当年的湖南卫视没有看走眼，回放视频里的她漂亮的外形，寻常的歌艺，这样的女孩在电视选秀中司空见惯，她没有让评委动心的音乐特质，也不具备曾轶可“绵羊音”的特立独行和争议话题。

而后，王隽逸别名 Summer 开始了三年北漂，从唱一晚 80 元报酬到担任酒吧主唱，对一位彝族女孩来说非常不易。她的外形到歌路，更趋时尚的欧美范儿。

一个秀英文歌的“快乐女生”，一个起了洋名的 Summer，一个执迷英文歌的彝族女孩，她一如既往行将成熟的“国际风”职业道路，在 2012 年夏天《中国好声音》转椅之后改变运数。

阿杰鲁，阿杰鲁，无论严寒或酷冬；

阿杰鲁，阿杰鲁，无论伤痛或苦难……

当《阿杰鲁（不要怕）》副歌转调至《I Feel Good》时，吉克隽逸认为在冒险，但是导演组相信，混搭才是王道。少数民族女孩唱英文歌，也许是卖点，却是丢失了原始螺纹的漂流瓶，一经海浪的冲击，便轻易丢失了瓶盖。当这位女孩下意识地和转身导师“so good！”（好棒！）激情互动时，基于酒吧演唱的即兴反应与未经历大舞台的紧张之间，Summer 到吉克隽逸的陌生转换拿捏得恰到好处，浑然天成，左右各进一步，都将失策。

吉克隽逸就像来自大凉山的一株天然的苦荞麦，置身于漂流瓶颈，被重新刻画了高原的底纹。它越过海拔 3000 米的炽热阳光，带着别样的颜色与芬芳，走进“好声音”的腹地，等待导师们“嘭嘭嘭”地开启“I Feel Good”的瓶盖。

“我是来自大山的孩子，一直向往更大的舞台，将我的歌带给更多人听。”吉克隽逸在导师终极考核战中，面对 99 位媒体评审近 90 度的鞠躬致谢，她赢得了刘欢组毫无悬念的冠军。

但是这位皮肤黝黑的女孩在寻根的“民族风”中并不驾驭自如。导师终极考核战播出后，她对英文歌的偏好选择，让观众看出了“破绽”：“她说要把民族的音乐推向世界，但是她唱的都是英文歌。”

她的《带我去山顶》，和家乡彝族的山鹰组合原唱若即若离。“巅峰之夜”上，她的“阿杰鲁”《不要怕》与原唱瓦其依合的天然苍劲亦相去甚远。有一种声音在山间的云雾中远足，大凉山的神秘信仰与对磨难的恬淡，在旋律与语音中，传递相遇和离索的回肠荡气，而这一切，是在姣好面容和彝纹服饰之下的吉克隽逸尚未抵达的悟性。

民族音乐是她出生的背景，而欧美流行音乐的能量，才是她追逐的方向。幼年接受汉彝双重文化教育的她，有着当地最早吸纳西方流行音乐的母亲，虽然，个人音乐意识的养成无以分高下，但是没有深入母语音乐的储备和自我觉醒，就难以从容地在精神上还原彝族文化的血统与身份。山鹰组合的原创彝族民歌，是在20世纪90年代开始的寻根之旅，带着大凉山文明不断被边缘化的“母语的忧伤”，也有着让民族原生态音乐融入世界之声的抱负。这样的底蕴，未能漂染吉克隽逸的音乐肌肤。

本命年的吉克隽逸还被爆出一些负面消息，“一身行头近五万，漂染黑皮肤，幕后男友是夜店老板”等，甚至也有媒体朋友在遭遇她的冷遇后怀疑，那个在台前有些怯生生的她，究竟有着怎样的真实面孔？这些负面消息似乎过于苛求一位年轻歌者，成名和代价已成为每一个新人横空出世的跷跷板。

像所有单打独斗过的女孩一样，坚韧的吉克隽逸没有被压倒气场。“好声音”的混搭，为她打造了独一无二的文身，在擦亮祖传的银饰上，还原她自由野性的光芒。当民族风 + 国际风的双重语境，在第二首单曲《即刻出发》里继续昂扬；当她用民族记号的服饰彻底褪去了都市时尚序列的靓照，她和幕后团队对“好声音”为她定位的基调，才开始施展信心。

有一点是肯定的，即使她成为下一站中国的碧昂斯，“阿杰鲁”依然是她身上最深刻的音乐文身。多年后，她依然会回想起在八万人体育场上，在那些沉甸甸的彝族音韵下，她的承载，永远不会是套在颈项、手腕和手指上的银饰和姓氏。

多元的电视语境下，她对家乡民族音乐的诚恳，才是最具价值的部分。

阿杰鲁，不要怕。

李代沫：音乐不减肥

“人一旦迷醉于自身的软弱，便会一味软弱下去。会在众人的目光下倒在街头，倒在地上，倒在比地面更低的地方。”——米兰·昆德拉注视着苍茫人海中不断倒下去的灵魂们。

20岁的李代沫，从350斤重的躯体中慢慢站起。

“当我剃光了头，开始自己刮头，有时候会出血，感觉到疼。它突然刺激到我：是否应该改变一种生活方式了。”与刀锋磨合的青涩头皮，连带着他踉踉跄跄的音乐。他要拿掉他的负累，属于肉体的，是重量；属于精神的，是自卑。

第一次献声“好声音”现场，白汗衫上的卡通男孩和络腮胡子不那么搭调，他低垂着眼睛娴熟地玩味着《在我的歌声里》，仿佛早已练成了千年之恋。而后更大的反差是，轻松地爆出年龄：“我24岁，长得着急了点。”此刻，出现字幕“曾经350斤的东北爷们深情演绎情歌”，亮出了他的第二个反差。哈林和刘欢的争夺，将他钉在了“铁汉柔情”的标签上，他始终恬淡温和的目光，并不急于表达自己。

他极富辨识度的嗓音，跨越阴柔的两极，却又在韵味的荒原里游刃有余。是怎样的挫折让这位男生老成婉约，又风趣无辜？

“我24岁，可以说之前20年、21年都不是这个样子”。做客《非常静距离》时，李代沫温和地把自己的人生撕成了两半！

一段因肥胖而被歧视的经历，让青春期的痛楚就地发芽。回忆同学们把他的绰号编成词儿在操场出操的场景，“他们跟着音乐节奏、大声地当着全校学生的面喊，那个时候我们体育老师听见了会微笑，那段说词儿在老师中间也传来传去，就感觉整个学校，我们家那儿整个地区都在嘲笑我。”即使说到自己屡屡因为胖而被欺负时，李代沫依然保持着含糊的笑容，既不愤慨，也不伤情，这种释然却让一边的丁丁、金志文如坐针毡。

“那个时候，有很长一段时间我觉得自己抬不起头来做人。我什么都不好，什么都不如别人，因为别人什么都不说你好。大家的思维定势就是胖人就是懒惰，就是一事无成。时间一长，我就暗示自己，我真的就是一事无成，所以也导致有些竞争的场合我不会去争。”

他的“不争”耐人寻味。一曲荒腔走板的《我怀念的》，是他和徐海星对决的演出。100 秒，他用失去重心的激唱艰难地送出最后一句歌词后，面对导师刘欢沉静的目光，低下了头……

各种版本的“内幕”在网络流传。宣传总监陆伟当时辟谣，“他的确比较冒险。原先他一直走柔情路线，但那晚的歌曲选的是快节奏的，他想尝试一种新的风格。比较冒险的是，这首歌一上来就是副歌，抓住了节奏他可能表现就会很惊人，可惜他当晚没抓准。”

之前晋级的一轮，他在 14 进 7 时淘汰郑虹后，曾做过的表白：“其实这个舞台我期待了很久，因为很多人都知道，我以前很胖很丑，我自卑了二十几年，但是今天我通过自己的努力，我改变不了大家，那我就改变自己。”这段话听起来更像李代沫正式的结束语。

针对网友粉丝猜疑背后猫腻，甚至认为这是被踢爆 “同志”倾向后出此下策，李代沫对失利的解释非常平淡：“原本我以为有两分多钟的时间，后来才知道只有 1 分半钟，就跟乐队老师沟通好，也只能唱那段了。主要是没有准备好吧。”对此，我特意求证了在他身边的编导，问他当时的状态如何，被告知在一侧观看徐海星演唱时，他在主持人的连续关切询问下更加紧张，抱着头想自己的曲目。所有人都感觉，上场后压力过大没跟上第一拍，是他失分的首要原因，而他所有的平和又告诉你，将“我不会去争”者放上斗秀场，才是最为劫杀的命数。

“远处有熟悉的人走过来，我就假装没有看见，因为我觉得很多人都是白眼看我的，所以后来有段时间，我父母也抬不起头来……”那段自卑的日子，是李代沫独自靠边行走的成长。现在，当他偶尔低着头，他的歌声依然沿着心灵的河堤行吟，静时随波逐流，动则江湖澎湃。闻者只要相信，他唱的每一句歌词，都依墙而行，默默呼吸。

淘汰后的他人气直升。节目尚未收官，已受邀在第 21 届中国电影金鸡百花电影节开幕晚会上献声，并担任范冰冰《二次曝光》电影插曲的演唱。他急速超越了很多年轻的成名歌手，走向了荧屏外的舞台。

∧ 永远不争的李代沫

在他首张个人专辑《我的歌声里》收入了10首翻唱女声的柔情慢歌，回味他突袭快歌的失败，“冒险”和“无为而治”，构成李代沫“塞翁失马”的双向解读：作为一名初登歌坛的新人，他趁热打铁的首次亮相，让“无为而治”的慢板柔情更加深刻，使“冒险”的快板继续成为怀念。

专辑制作人游鸿明说：“他的歌声里有不羁的豪气，也有细腻的伤痕。”但是，十大华语乐坛制作人首次联手为他打造专辑，并没有拿出自己的新作，只是借助他的嗓音替他们取出音乐盒底的名片——翻唱，对于原唱也许是一种改变，而对于李代沫，只是忠实地重复自己，像限定饮食的减肥一样。

你存在，我深深的脑海里
我的梦里，我的心里
我的歌声里……

他把这首歌的每句话都唱出弦乐的气质来，却还没有准备抬起弯向脚尖的头颅，把别人打开的音乐盒子统统合上。

2012年底“好声音”跨年晚会，距离第一季“好声音”谢幕三个月，不少坊间传闻，学员们按照名气和身价，个别学员开始变得有些骄纵。他们裹挟一夜成名的传奇，就像诗人笔下的恋人，在三个月前离你很近，在三个月后，有的人“看起来像云”。

李代沫没有变。他和舞台上展现的性情一样，随和、有爱。最致命的，还是永远挂在嘴角上的微笑。他毫无戒备的自然，也是为节目按了一季快门的摄影师江中云镜头中的最爱。半年中，李代沫火速拥有了很多明星粉丝，但是光环之下，他依旧淡定如一。

魅力的光芒——有一种声音逆风而行，有一种歌唱时光穿越。拒绝阳光下的炽热，告别灯光中的耀眼，他们在旋律的底片上，快乐地曝光。犹如一束冲破黎明的光，他们永远上扬的嘴角，印证着时代的锋芒。

这是“好声音”“巅峰之夜”，我为李代沫和王韵壹撰写的颁奖词。观察这两位学员又一个共同而特别的地方，是镜头里的他们，嘴角永远上翘。青葱的岁月，用刀锋剃度出的年少光头之下，他们回避疤痕，用恬淡如菊的微笑打磨自己音乐的弧度。

用疼痛驯化锋芒，用微笑掩饰挫败，用泡沫替代灰烬，他始终和人们交错疏离，无法确认修复后的温柔。终于，在 2013 年的元旦，李代沫写下微博：“我不会表达，但是回顾这一年的成长我不得不感谢所有在我追梦路上出现过的人！不论是帮助过我的还是骂过我的人我都谢谢你们，你们让我明白很多，再多非议之下我还是会微笑面对，因为更多的人还是阳光向上的，我要带给大家更多正能量！！”

这一段文字看似简单告白，却非比寻常。因为，它们出自一个从 20 岁开始抬头的青年，它们出自一个“同志”风暴逃遁者的回应，它们的主人正用减去一半肉体的疼痛，重塑寒冬里沙漏过的人生，让迟来的阳光过滤。

2013 年 6 月，李代沫拿出了第二张个人专辑《敏感者》，主打歌曲《伤+患者》似乎在告白自己的双重心语：可以忧伤，可以激烈。

什么地方 静静躺着 他的坚强
什么地方 悄悄隐藏 那段悲伤
唱着欲言又止的幻想 那场忽大忽小的伤感
淹没了他的梦想 随风而散
……
回不去成了回忆 回得去成了宿命
就算刺痛我的神经
没关系 你就当我有精神病……

他的音质，更像是流淌在中国流行歌手里的一把中提琴音，不似小提琴那么精致，不愿落入大提琴的城府，深情而不矫情，洒脱却不挣脱。

李代沫，音乐不减肥。

3 导演在跳伞

每一位导演对于选手的描述方式，
是背负他们跳伞的过程，
什么时候开伞、
如何降落、
怎样保证姿态优美，
都是在电视天空下不可重复的坠落过程。

A 郑虹："达人秀"与"好声音"的双声道

上场的是她，似曾相识的一幕让人吃惊。

没错，是她——郑虹，第二季《中国达人秀》的达人，出现在了7月13日的《中国好声音》录制现场！

录制完节目后的凌晨两点，灯光暗去，导演陶陶累得脸色苍白。在她眼里，这一年的郑虹没有什么改变，还是个比较"自闭"的女孩："这个自闭，不是不会说话，而是别人很难轻易走进她的世界。"郑虹继"达人秀"后在"好声音"中出现，如何切割和顺构？是"鸵鸟"式地规避，还是升级路径的叙述？郑虹，唯一一位进入"达人秀"和"好声音"双声道的学员。

每一位导演对于选手的描述方式，是背负他们跳伞的过程，什么时候开伞、如何降落、怎样保证姿态优美，都是在电视天空下不可重复的坠落过程。着陆得好，叫滑翔，着陆得不好，叫磕碜。

2011年的6月19日，郑虹的伞降落在第二季《中国达人秀》初赛的最后一集，她的歌声创造了意外的收视小高潮。

为什么这是一场"意外"？因为曾经有50%的概率，将她埋没。

"达人秀"每录制7–10位达人，其中只有1位达人有机会现身荧屏。播出之前，核心团队对她的判断产生分歧：一种意见认为，郑虹的歌声还不够惊艳；她的故事也不够吸引眼球；她的辍学、她的类型不够给力。初赛即将结束，评委心中的16强几近浮出水面，她是否有实力走下去？

……事实证明，与之对立的判断，副总导演章骊的坚持，让郑虹成为1，而不是成为"废片"的7–10，正确！

前传里，主持人程雷和她有一小段互动，问她是不是有点害羞，她自喻是"丑小鸭"。走上舞台的她，蓝格子衬衣、平常的样貌、黑框眼镜、大脑门下低垂的眼光，更加证实了伊能静的设问："你是不是有一点自闭？"

郑虹唱到"Because of you I am afraid……（因为我害怕）"，但是，18岁的她，嗓音已无所畏惧，她的爆发力让现场观众刮目相看。评委黄舒骏的评点可谓经典，直到现在，我还经常把这一桥段当作教科书和年轻的编导们分享。

郑虹："……其实我来这边唱歌，我并没有想得到什么名次。"

黄舒骏："你只是想要来唱歌，而不想要有一个梦想？"

郑虹："我想要到更大的舞台唱歌。"

黄舒骏："更大的舞台唱歌，我们可不可以简单地说，你想要成为歌星？你敢不敢勇敢地说？"

"我敢。"郑虹犹豫了一下。

"我要你清楚地、大声地告诉我们——"

"我想要成为歌星！"

一般的真人秀和评委，到此为止任务完成，但是黄舒骏没有放弃，他紧紧扣住郑虹的脉门，继续帮助眼前的这位"菜鸟"建立从自卑到自信的金字塔。

"如果你要成为歌星，你有没有想过，有人会批评你的外形，你怎样回答别人对你外形的质疑？"外形和才艺的对峙，第一次尖锐而赤裸裸地展现在了舞台！

"嗯……"郑虹退缩了。观众畏惧了。

"你一定会面临这个问题，但是我要给你答案，这个世界正在转变当中，所有对外形的质疑，其实都已经落伍，这件事情你必须坚定，你直到今天，还在舞台上怯生生地告诉我们，我要成为歌星，你有没有办法说，我要成为歌星！！"黄舒骏逼视着她。

郑虹无语微笑。观众掌声响起。

黄舒骏沉稳有力："最美的美女，就是不知道自己有多美。你知不知道自己的歌声有多好？我听起来你的歌声，像是我们在巧克力上又撒了一点核桃粉，吃起来有那样一点沙沙的质感，口感变化无穷。我要在说 Yes 和 No 之前，你要再一次大声地告诉我，你来这边——你想要干吗？"

"我想要当一名歌星！"郑虹大声说道。

"那我要大声对你说——Yes！"

2 分 10 秒的对白，睿智的黄舒骏以心理导师式的循循善诱，为郑虹拆除"自卑"的一道道围墙，他的不吝赞美，既为郑虹建立了自信，也为观众

︿ 对战前的李代沫和郑虹

拂去达人光芒上的尘埃，传递出节目和电视真人秀文化潮流之不以貌取人的核心价值。

可惜当季有了菜花甜妈的中西合璧歌剧版“送你葱”，郑虹的纯欧美歌路线，显得没有那么夺人眼球，她在第二季《中国达人秀》的历程像流星一样稍纵即逝。

整整一年，2012年6月，还是蓝格衬衣、黑框眼镜，郑虹在《中国好声音》舞台上一首阿黛尔的《Someone like you》，极具穿透力的嗓音，让哈林破天荒地在听到第一句歌声时就流泪转身，他惊呼郑虹是“中国阿黛尔”！

刘欢说：你是一个心里极其安静的人，没有任何张扬，完全凭借你的声音来传达内心。杨坤眼看没有竞争优势，索性说起了“反话”：“你不用选我，当然，你选我，我也不介意。”

但是，郑虹的“好运”似乎仅仅停留在节目播出的当晚。

当观众和网友为“中国阿黛尔”的诞生如痴如醉的第二天，网络人肉搜索进入高潮，他们的目标并非是“达人秀”节目，而是聚焦一档《疯狂传送带》节目。节目里，郑虹和自己的乐队出现，化着浓妆。名为“假装在纽约”的ID贴出这段视频，被疯狂转发数万条，纷纷对比郑虹在“好声音”中素面朝天的造型和内向，以此嘲讽她“可以拿奥斯卡影后了”、“《中国好声音》改为《中国好演技》”、“郑虹在福州某酒吧驻唱”等负面信息满天飞。

有了一年演唱经验的她和学生妹的她，究竟哪一个更接近她的本性？“好声音”的编导是否“设计”过度？无视网络起底和观众的板砖，“设计”是否可能成为节目自我设置的陷阱？

节目总策划田明如此回应质疑的媒体，“郑虹上其他节目，是她本人或其他台包装她成另外的形象，即使她曾经想那样，有错吗？而我们让他们穿自己生活中的衣服来，原原本本、清清爽爽，就混淆是非了？就成了伪装了？哪怕是一篇新闻，完全的客观几乎没有。全世界有那么多事实，你只能选择一部分报道，一个事实有那么多个侧面，你只能选择几个侧面报道。但你的选择决定你的形象，我们的选择就是正能量，坚定不移！”

录制《酷我真声音》时，郑虹要求不再戴黑框眼镜。

摘下眼镜的她，有了长大一岁的女孩的妩媚和小小的酷杀。再后来，在刘欢组考核中，她在和李代沫对唱《如果没有你》时，刘欢选了李代沫，把演唱会留给了被淘汰的她。淘汰过程中，郑虹的双眼始终和导师席对视，19岁的她没有惧怕，眼神中，第一次透露出小小女武士的坚定。

欣赏郑虹的哈林和杨坤，在盲选时看到她追随刘欢而去时，曾经彼此拥抱失落之情；这一次，在导师休息室里，他们“不依不饶”地追问刘欢，这一轮取舍是否受了坊间“负面”舆论影响？刘欢表示，他从不在意那些与音乐无关的舆论，他只看重学员本身具备的音乐性。他目前不确定郑虹的下一步，是否还是会唱出一个“阿黛尔”来。刘欢权衡的是学员塑造声音的能力和潜质，观众喜欢的是她独特的魅力。冯小刚在观看节目后微博感言：“郑虹，我没有演唱会，不知道拿什么安慰你。但你在我心里留下了。”

“她被称作中国的阿黛尔，19岁，已经懂得做自己，她不相信眼泪，她只用歌声说话，天籁的回响——她就是郑虹”。这是郑虹VCR的文字。一个从小习武、高中辍学在家写作的女孩，不会相信眼泪。

“正南方的春季如秋。凉风习习，落叶纷飞，层层铺在操场的塑胶跑道上。课间铃声划过，嬉闹声在学院上空蔓延。我抱着吉他从教室里出来，抬头望着满天湛蓝，低头看见阳光穿过我的手指。右手指上戴过戒指的痕迹清晰可辨，我又记起了他。记起他在操场上挥汗如雨地奔跑，一手篮球一手冰淇淋地向我跑来，脚步轻盈如飞。哪怕那是数轮秋季前的陈年旧事，但那仍旧是我奢望了许久才盼望来的感情。我曾细细地珍惜过……”

——《圣多斯咖啡馆》（郑虹的小说，刊于《课堂内外（高中版）》2010年第8期）

文字细腻、感性。她是90后网络小说作者，她是少女时代“南棍”、“剑术”高手、她是低调不羁的爱音乐的19岁女孩……她还有很多的层面，没有在电视中曝光。

释放每个人的本能和魅力，是电视真人秀团队最乐意探索的部分。但是，是否所有的还原都要在真人秀中背负“造假”的罪名？电视真人秀“设计”的陷阱，应该由谁来买单？

是“烟视媚行”的乐队主唱？还是被还原的蓝格衬衣的“学生妹”？在两个电视平台上展示郑虹，都是她在音乐成长中的一幕，是她最真实的人生历程。

她是否记得哈林背对着她瞬间飙泪？是否回想杨坤在台前为她细心擦拭汗水？每一次歌唱时她的内心，静水深流或者爆发，是模仿彻底的幻影还是独善其身的坚定？

真人秀的陷阱，并非止于“设计”与“反设计”的分野。

2013 年新年第一天，19 岁的她站在了五棵松体育馆，和导师刘欢合唱了爱尔兰民谣《Danny boy》，正如刘欢承诺的那样，他试验了郑虹非“阿黛尔”的可塑性。在这个后续的舞台上，她第一次展露出稚嫩的民谣美声，娇羞的音色吹弹欲破，像一场初雪在静夜融化。

没有人在乎她是否圆熟，只要她有天分磨砺精湛。应该继续中国唯一的“阿黛尔”，还是卸下 “阿黛尔”当一个郑虹？这个坎，她必须跨过。

“我曾细细地珍惜过……”

17 岁的文字，有点疼。荧屏上的郑虹已经摘下了黑框眼镜，而倾听她的人们，还站在无形的镜片后面。

8 邹宏宇的钢琴 周礼虎的奖杯

“农民歌手”的邹宏宇被爆出生活在大连做音乐，挂着挂件的“苏北嘎小”周礼虎，则被爆出毕业于南京艺术学院，不少观众网友表示被他们“欺骗”了。

有一位业内人士甚至指出：“先把一个准专业水准的歌手设计成‘屌丝’，渲染其在社会上辛苦打拼的悲情，让不知真相的观众惊为天人，这展现的不是个人而是平台的梦想。”这番话谴责了“平台”设计“个人”的手法，看似不无道理，而我更愿意视之为本色还原。

曾经的农村小伙邹宏宇

的确，如何让观众感觉“真实”而非“假象”，让内行看出“设计”而非“造作”，对于这支国内最顶级的电视真人秀团队，依然是一个技艺精进的实践过程。

同样是非议，在第二章节出现的徐海星，遭遇的是现实与舞台装扮与气质的颠覆；黄勇是隐身曾经的歌手之后的“美甲店小老板”；本章的郑虹，则是因为两次节目的形象差异引起“演戏”的推论；那么邹宏宇、周礼虎又惹了谁？

在邹宏宇身上，最集中的质疑是某网友发帖道出“这两天爆红的《中国好声音》的确是个好节目，整个策划团队、舞台灯光、流程形式、评委表现都可圈可点。但是这个以真诚实意为名的节目组把明明家境殷实，早就住大连的邹宏宇，硬生生包装成农民歌手，欺骗广大电视观众！”原文还配发了对比照片，邹宏宇的鬈发和背景中钢琴，的确与“农民”形象相差甚远。

现实中的邹宏宇，出生在辽宁省朝阳市孙家湾镇洞子沟村。在本村完成小学教育，在县里读完初中和高中，在一家音乐学校辍学后回家务农一年，此后，在家里的资助下，到大连亲戚处寻找唱歌机会。邹宏宇被网上曝出非“农民歌手”后，《法制晚报》记者特地寻访到了辽宁朝阳孙家湾镇洞子沟村，还电话采访到了他在当地乡里工作的父亲。邹宏宇也不曾签约公司或在酒吧驻场，靠做一些音乐伴奏之类的零工养活自己，他是节目组通过网络视频发现的。

“当时的他，靠给儿童陪练钢琴，每月2500元的收入生活，”章骊告诉我，“他是我唯一感到做得有点可惜的学员。”他觉得荧屏上的邹宏宇“显得猎奇，而没能在他的歌声里，注入他母亲对他的默默温情”。这位自小崇拜玛丽亚·凯莉的农村小伙，靠着妈妈攒的五万块钱到大连打拼，而几乎没人看好他的前途。章骊甚至觉得，始终不肯亮相的邹妈妈，有着一颗电影《美丽人生》的心，似乎就是那位在绝境中陪儿子玩幻想中游戏的爸爸。她相信儿子在当年几乎耗尽家当购置的音乐设备里，在她听不懂的外国女子的歌声里，在她咬牙面对各色怪异的目光里，会绽放声音的才华。

在这样的现实索引面前，把他定义为漂在大连的农村小伙，应该不会过分。换一种说法，如果你不认为在大连生活中的他，是刻意隐瞒“农民”身份；那么返璞归真来到舞台自我认读“农民歌手”的他，为何又成为诟病的目标呢？在有限的时间单元里，有些城市化了的鬈着长发的邹宏宇，和穿着白色圆领汗衫的干干净净说着自己梦想的邹宏宇，哪一个他更接近人生的本质呢？也许我们还不能匆忙论断，那么至少，在将近200名歌者里，邹宏宇与其他歌者的差异化，已在“好声音”的定位中得到了答案。

从他演唱的《What a wonderful world》里，我听出他对每个词的刻意咬字，正是这一种语言的生疏，在耳鬓厮磨的艰涩中，体味一位自学模仿爱好声乐的青年挣扎。他是走出村子寻找音乐梦想的农村孩子，他所被城市化了的发型和生活方式，不会解读成任何一个都市青年炫酷的翻版。

在第一次看到选手表现时，观众更愿意看到的并非是似曾相识的都市青年在演唱，而是在有限的时空里，感知他们的成长背景和个性烙印。

周礼虎从荧屏走来，他压着一顶蓝色遮阳帽，穿着一件透着红色底衫的透明短袖装，系着紫红色的领结，最惊奇的是，他的脖子上还挂着一个被他称为“奖杯”的金属挂件。在前传中，他说他来自安徽省滁州古河镇，爸爸介绍儿子从小爱唱歌。周礼虎对着镜子说：“……有一次我在电视里看到音乐颁奖礼，心里在想，总有一天我要站上那个金光灿灿的舞台，说着获奖感言，获得我人生的第一个奖杯。”

略显土气的他唱小虎队的《爱》，用时1分42秒，和评委互动的时间却有4分钟。刘欢问及他的音乐经历，他说自己是镇子里唯一出来学音乐的孩子。刘欢好奇地问他的装扮和挂件，他介绍是他的吉祥物，他总是把它当奖杯，模拟练习“获奖感言”。接着，他应哈林的要求来了两段，播出后，成为一大热点。安徽乡土版“我的乖乖……”在录像时还被哈林学去，推出苏北版逗乐。

26岁，他和“领奖台”有着这样的距离：毕业于南京艺术学院，在江苏卫视《名师高徒》杀入男生12强，在2010年广东卫视《先声夺金》里为5强。在这些节目里，他的形象是意气风发的青年，和无数唱歌的男生一样，竖着“莫西干”发型，穿着黑色紧身衬衣，或是穿着银色小西装，戴着黑色眼镜，或戴着帅气的礼帽。

但是没有一档节目，将他的音乐梦想和快乐的“获奖感言”粘连在一起；也没有一次，试图把他的形象打回到原型——还原一个小镇追梦的青年的本来面目。

如果把2005年湖南卫视《超级女声》当作中国电视选秀的开始，那么2012年，当它遭遇“七年之痒”的时候，对于很多张在选秀舞台上的熟脸，重复演绎拿手的曲目，或展示评委们预设掐架的戏份，《中国好声音》说不！

“平台的梦想”，只有在聚合了学员们原始张力的“个人梦想”之后，才会真正起飞。于是，唯一的“我的乖乖”嘎小子在这块荧屏上有了形象识别。周礼虎不到6分钟的展示，仅优酷视频就有37万的点击。

让他的声音和形象站住的，不是扮演别人的他，而是从未被展示过的本色自己。

这个6分钟，是他6年音乐之路的分水岭。这一个周礼虎，终于突破了被电视娱乐不断复制的魔咒。节目对于学员异质化的诉求和再度挖掘，让折返在追梦轨道上的他们，显得比任何时候更打动人心。

“《中国好声音》从第一次亮相，就打破了观众固有印象中搞怪、奇装异服，甚至‘伪娘’、‘假小子’似的视觉冲击，让人远离了‘五音不全’的无奈和困扰。”《北京晚报》在2012年7月18日的报道中在肯定了“好声音”节目之后提到，“其实细看不难发现，《中国好声音》并不是所谓的不对选手进行包装，只不过他们的包装与以往的选秀走了完全不同的路子，站上这个舞台的选手都把自己打扮得草根不能再草根，默契地与节目组的策划保持一致。”

这个观察非常到位。但是“包装”之变，不是徒有形式的路数，而是电视理念在升级。盲选中，还原本色和寻找个性，表面上是服饰和告白的时空穿越，本质上是帮助学员发现和重塑自我价值。

真人秀的形象标识与再认读，是回归，也是截取，而非虚构与欺骗。烂熟的综艺套路，它的平庸与狭隘，已经阻碍了中国电视传播的思维能力。电视正经历着业态的剧变，改变叙述方式，改变思维模式，改变制作理念：《中国好声音》、《中国达人秀》和中国传统电视综艺正在切割，一次创意和观念的切割，一次分庭抗礼的切割。

C 多亮会笑了

“他会笑了。”导演子麟用了这四个字来表达多亮的变化。

他会笑了？！

“北漂歌手，27 岁，来自新疆克拉玛依”。

——2012 年 7 月 20 日的第二期节目，当多亮出现时，屏幕右侧显示着这样的字样，和习惯起底质疑的网友直接摊牌。

在 150 多位参加录制的学员中，只有多亮在踏上舞台的那一刻说：“今天我必须放手一搏，如果没有成功，我想我应该放弃唱歌。”

两度签约、两度梦碎。“……我觉得幸运女神从来不站在我这边，我不觉得这样的生活属于我。” 多亮的自白，平静之中道尽北漂的似水年华，27 岁，这位身高 1 米 84 的俊朗男生，每月拿着 1200 元的工资以为别人唱 DEMO（录音小样）零工为职业，零碎出过的歌，名不见经传。他是否注定与唱片和舞台无缘？多亮，已站在音乐人生的十字街头。

于是，《小情歌》的小清新被他强力颠覆——

就算整个世界被寂寞绑票

我也不会奔跑逃不了

最后谁也都苍老

写下我时间和琴声交错的城堡

他的嗓音像一匹刚被勒住的野马，虽然四蹄踏空，却依然幻觉在辽阔的草原上驰骋，他声音背后所拥有的辽阔磁场，是一个生长在克拉玛依草原的男生，在一根名为“北漂”的缰绳下，勒出的音乐悲怆与魅惑。

杨坤说，他的《小情歌》唱出了摇滚味道的“老情歌”；刘欢说，他把它唱成了“大情歌”，是一个很全面的声音，既有说服力又有控制力；哈林说，他在可以用假声的时候用了真声；那英问：“你离近点让我看看……我在哪见过你吗？没见过？看看，你给我唱过 DEMO 吗？……以后给我唱好不好？”

不同的导演在学员定位上，带着不同的情感、趣味、智慧与积累，显示出不同的战术与价值考量。在李行亮，这位颇有名气的“快男”，导演并不回避他的选秀经历，相反以创作型歌手的契机，强化其希望靠好声音、不靠好外形参加“盲选”重归歌坛；在多亮，节目坦陈他是北漂歌手，瞄准的是，他把今天走上舞台的这一次比作射向乐坛的最后一颗子弹。

子麟否认为多亮“设计”背水一战的独白，因为“他的经历就是那样，他总是那么‘倒霉’，刚要发片，签约公司倒闭。如果这次再不能成功，那么 27 岁的他，将彻底放弃。”她回忆总导演金磊看到多亮的视频后，建议导演组的定位，不要再让紧缩的眉头压抑住阳光可爱的一面，因为，“他的眼睛很迷人”。

学会微笑，从《中国好声音》开始。

多亮之前的演唱，习惯低眉垂眼，额头紧绷，和流行乐坛一批苦情男声一样，张宇、阿杜、周传雄，包括曾经的杨坤；而到了 2010 年前后，暖男，又是从韩剧中诞生的亚洲新偶像潮流语汇，嘴角的微笑和眼眸的温馨，是大男生告慰生活的新表情。

曾经两个公司为他打造的“英式摇滚”的定位，曾经盛行歌坛的苦情男，怎样的定位，才能丈量“幸运女神”靠近他的脚步？

坎坷的经历，未必是苦情的代言；浪子的心声，也可以晕染柔情的底色，是时候拨开多亮脸上的愁云惨雾了。

“所以你看，他在唱《小情歌》时而会展露出迷人的微微一笑。”子麟说道。

那英看到了，她招呼多亮到眼前，“来，你离近点让我看看……你给我唱过 DEMO 吗？”这一次，她要做他的“幸运女神”。

一个月后，那英为了他而在媒体前泪奔。多亮和张玮对战，唱《I Believe》（《我相信》）。刘欢评价：“是把柔情似水和激情拿捏得最恰如其分的一次。”但是媒体给分 35 ： 64，近三分之二者看好张玮。

面对淘汰，多亮释然地说：“离开家六年在北京漂，每天都告诉自己，多一点点努力，多一点点坚持，今天能站在这舞台上，能走到这一步，都觉得很幸福，我会一直坚持唱下去。”

面对那英的泣不成声，多亮快步跑下舞台：“好了，那姐，抱一个吧。”他要拥抱终于现身的“幸运女神”，以“暖男”的微笑继续歌唱。

^ 多亮笑了

聚合低沉回旋的张力，多亮向歌坛射出的最后一颗子弹，叫做微笑。独具匠心的导演智慧，是将这颗“幸福”的子弹上膛的推手。三个月的历练，这位 27 岁的大男生从低眉紧锁的情绪俯冲中，接受到了仰望的力量。

他一定记得，十年前曾组建的“理想乐队”；他一定不会忘怀，四年前的夏天，自己作词的原创歌曲《重生》：

这是我生命最大的震撼
震撼着生与死亡
刹那间陷入窒息的黑暗
废墟中我期盼
昏睡中我在拼命地寻找
寻找着生命之光……

生命、死亡、窒息、黑暗、废墟、寻找……这些词并不新鲜，却铺成多亮“欲置死地而后生”的心路轨迹。他不知道，在放手一搏的终极，绽放了“重生”。

微笑，不仅是一个表情，更是会心的音乐态度，在北漂歌手群体迷茫失落的跋涉中，点燃被封存压抑的燃料取暖。

所有的出发，都是另一种方式的回归，真人秀在着陆，导演在跳伞。

4 剪辑是把杀猪刀

"姑娘，
唱歌与长相没那么大关系，
我刘欢长成这样子……
长成这样子在中国流行乐坛唱了快三十年！"

A 刘欢被“剪嗨”了?

2012 年 11 月 14 日，刘欢做客《锵锵三人行》，向窦文涛确认自己退出下一季《中国好声音》，引起哗然。

他谈到的原因有两点，一是身体负担过重，二是媒体环境恶劣。还有一点小“抱怨”，他觉得自己“被剪嗨了”。

这一段访谈经一家网络文字剪辑，把刘欢对媒体环境的吐槽，拼贴成“刘欢爆好声音造假”、“刘欢爆好声音制造假故事”等标题。在录制第四季《中国达人秀》的间隙，我和新晋“梦想观察员”窦文涛聊到这期节目，特意询问这位访谈当事人，刘欢认为“好声音”是在造“假故事”吗？抑或你们为了顾及“好声音”的颜面，还剪去了其他负面信息？窦文涛回答：那些报道完全是“断章取义”，所有看过节目完整播出的人，都可以得出结论。

节目之外的“剪辑”风云，让原本对媒体环境失望的刘欢，再次被他所谴责的对象消费了一把。而电视真人秀的剪辑，何尝不是一把血不见刃的杀猪刀？

《锵锵三人行》中，窦文涛问过刘欢，“为什么每次节目里你都像打了鸡血一样”？

刘欢答：“他们把这些所有嗨的地方都弄到一块，你想它 100 ：1（耗片比），差不多是这种做法，那还有其他的时候，我们都已经抗不住了，坐在那就恨不得背着脸，这些东西不在……大家有时候在电视里看到，就是我们有时候流泪，有时候笑得很开心，你总在这种状态，然后他把这些东西都堆在一块，让人感觉你们这些人怎么回事啊，一会儿这样，一会儿那样。”

处于访谈中的刘欢安详从容，在三集节目中基本没有变换坐姿，甚至很少有肢体语言。那么，刘欢被“剪嗨”了吗？

《The Voice》规定了每一季节目里，得到导师“收编”的学员必须保证播出。在《中国好声音》里，参与录制的学员共有 150 名，总计有 60 多名学员在片中出现，包括“收编”了的 56 名学员，以及被淘汰的小部分如董贞、齐雯、王崇（妞妞）、戴月、云杰、王燕等。在播出的学员单元里，长的有近 20 分钟，短的只有半分钟到 2 分钟，比如入围 16 强的权振东是 38 秒，获“年度好声音”的梁博是两分钟，他们在“盲选”阶段的展示都是通过一组 VCR 带过。而还有 80 多名学员的素材，可能永远没有机会播出了，哪怕是一秒。

模式规定了所有被导师招至麾下的学员，都必须向观众交代。意味着经剪辑的节目，必须高度浓缩导师遭遇“好声音”的状态，剔除较多缓冲渐进的交流过程。被聚焦的导师情绪制高点，看上去“被放大”也在情理之中了。

这是选材的原则，而非剪辑的贪婪。

模式方所规定的 26 个摄像机位，内场有 16 个，这已不是秘密。每位导师的正反两面各有一个机位捕捉他们的细节动态，全程秒杀，堪称全国电视真人秀之最。全景式记录，让《中国好声音》杜绝了传统综艺的路数，拼贴的情绪特写或预录欢腾场面，难以在张冠李戴的剪辑捷径中得分。模式中最经典的镜头是：导师“盲听”的特写，景深处是学员演唱。在电影画面里，

^ 难以克隆的场景机位，在第二季中用得更为频繁。阿妹第一次录《中国好声音》的情景

被称为Z轴的这根线，穿越了前后景，它承载了深度空间的功能。从技术层面上来讲，“好声音”的Z轴，将导师的情绪反应和舞台上的学员打通，并锁定在一个画面里。

模式方精确设定导师座椅的间距，确保这一机位保证导师和学员演唱“在一起”，导师在每个节拍中的情绪波动和学员的演唱状态，成为不分上下的主角。这个取景在角度、空间、平衡和美感上，可谓无懈可击。同时导致了其他歌唱类真人秀节目，虽然山寨了椅子，却难以克隆场景的核心诉求。

以表现最嗨的吉克隽逸为例，现场录像25分钟，剪辑播出时长16分钟。导师“盲听”时的手舞足蹈堪称巅峰体验：哈林双手拍击桌面，刘欢怡然自得地扭起了脖子。转过椅子后他们又异口同声地作出“I feel good”反应等，都是多机位组接的一次性呈现。

不经预设的真情碰撞，抵达了“真嗨”的极致。

但是剪辑失当，也会冒犯观众对真人秀的信任。电视大片的后期生产过程，每时每刻考验着制作团队的能力和对于节目真实品质的捍卫，而不使海量素材的摄录沦为噱头。往往每一集26个机位近1000分钟的素材提炼出90分钟的过程，被总导演金磊称为是“炼金一样的过程”。金子炼出来之后，被无数次多角度地鉴赏与挑剔，观众也炼就了“火眼金睛”。

比如，在某期节目中，由于过多采用杨坤右侧机位的近景，在他随音乐节奏上身扭动的画面中，没有带入学员唱歌的背景，导致“假嗨”的呛声四起。还有那英经常左右掌互换欲拍又止的调皮、哈林似哭非笑的拧巴纠结等，如果缺乏背后景深的细节，也和刘欢一样，都易被误会为摆拍和演戏。

高收视节目必然承担大规模的“监督”，无论这些言论是否专业，都对节目的后期剪辑确立了更高的原则和杠杆。在我看来，有三个方面：

第一，导师在座椅上的反应再生动有趣，剔除了学员演唱的背景，画面欠缺说服力。

第二，任何时刻单一的主体情绪特写，必须是实情发生所演绎的逻辑关联，以免“真嗨”毁在了“剪嗨”那里。

第三，既然学员的演唱是一次性的现场录制，那么导师和观众的反应镜头，也是唯一的。

维持每一秒真实的系统性，才不辜负26个机位的大片配置和模式精髓。“人不能两次踏进同一条河流。”古希腊哲学家赫拉克利特的名言，在真人秀剪辑中同样受用，也应成为电视大片生产的教条。

从节目现场来看刘欢的剪辑处理，并没有哗众取宠的情绪拼贴和刻意夸张。《The Voice》强调“盲听”的模式特质，其固定机位的专属性，强化了每位导师的特写篇幅，是以往真人秀模式之最。从刘欢的反应来看，这样的情绪细节充分展示，不仅刺激了观众的视觉习惯，也放大了导师的情绪反差，从而使刘欢产生疑虑。

但是“剪嗨”与否，是影像的处理，更是观念的破题。

对于剪辑，刘欢还曾对媒体表示：“有一点让我非常遗憾：我精心设计的节目顺序被剪辑完全打乱了。导师考核不仅仅是一场比赛，我更希望它还是一台完整的演出。我用唯美的《冬天来了》开头，用《冬天里的一把火》火辣收场，把改编出色但又小众一些的《渔光曲》放在中间，结果还被剪掉了几句。我得到的解释令人匪夷所思，说是基于电视台广告利益植入的压力。我很无语。”设计冲突与话题的剪辑策略，他不愿苟同。

和一些好莱坞大片的制作情形一样，除知名大导演获得最终剪辑权外，剪辑，最终服从的不是编剧、演员，甚至不是导演的艺术追求，而是执行“制片人制”，取决于电影公司和华尔街投资者的影响，制片方考虑影片的商业价值，在时长、分级、内容三方面把控，因此会出现导演剪辑版和剧院放映的最终剪辑版，甚至像《美国往事》2小时19分钟的美国剧院版那样，损失大量导演钟爱的艺术场景，而拍出了《蜘蛛侠》系列这样卖座大片的山姆·雷米很久得不到最终剪辑权。

刘欢的遗憾，是舞台演出和电视真人秀逻辑之间的差异，他更遵循舞台的音乐价值，而非电视真人秀的悬念与节奏起伏。

记得他流泪最厉害的两次，成片都作了弱化处理。一次是他曾对着一对清华学子的毕业情，失控泪奔，让其他三位导师也非常惊讶，来自台湾的现场导演杨春辉疼惜地让导师们提前休息；另一次是因为他在“复活赛”最后一个席位没能等到表现出色的云杰，刘欢瘫坐在椅子上无语饮泣良久……并不是每一种深切的感情都可以聚焦放大，当一些复杂而难以名状的情怀，让荧屏也无力充分提炼解读的时候，这些珍贵的影像只留下几个匆匆闪过的画面，一部分素材只能海底沉睡。

作为一位情感丰富、学养丰厚的艺术家，刘欢的评委语言视野宽阔，情怀独立而又生动意趣。他的“神评”有的也会被剪辑损失一些，但是被打磨出的钻石部分，远大于被切割的光芒。如：

评点王韵壹——我从你的歌里听到了，帘卷西风，人比黄花瘦。

欣赏丁丁——你有爵士的味道，又不那么离经叛道。

对张玉霞说——你在街头歌唱这么多年，还保持着这样未被世俗浸染的纯净声音，非常难能可贵。

希望金志文感谢未婚妻——这“麦”的架子往那儿一放，就是哈利·波特的魔杖，你就能信心满满地一首歌、一首歌地唱下来。

他对一位未播出的歌者说——猛烈离难听只有一步之遥。

他赞扬金池——这首歌你完全击中了我的内心，一开始如涓涓细流，转瞬就惊涛骇浪，最终感觉是无边天际……

评价李代沫——你在演唱时具有那种温柔的幽默感，这是在中国男歌手里很少遇得到的。

对平安期望——你在POP和美声之间衔接时有些犹豫，希望你能在未来克服这一点，通过不断的练习与经验，能把这道坎儿抹平。

看着吴莫愁——这次我听懂了，我觉得弥合语言在歌曲里的差距，可能是一个课题，很有意思的课题。

……如果学员们记得刘欢对于自己的点评，那么无论是否在赛后一举成名，都将成为音乐成长的珍贵财富。

在“蒙面女侠”董贞的这一桥段，他在现场点评道：“网络歌曲的处理带有电音编曲的规律，为了符合数码的特点，吐音咬字有其特殊地方和技巧。”在四位导师之中，他是唯一用电脑谱曲的集创作、演唱与制作三项全能的音乐家，其对当下新媒体音乐潮流的知识更新，表现出的音乐文化视野与研究广度，让人惊叹。

为什么这段专业评述也被“无情”剪辑？

对于真人秀节目的诉求，刘欢站起来激情摔帽的动作和将心比心的情感

∧ 戴着面纱的董贞

爆发，更是可遇而不可求的高潮，它的效果一定盖过了任何专业评述。如果保留乐理评点，对节目的音乐视野的拓展更为宽阔；对于音乐发烧友是一个福音，对于真人秀观众则有点难度；对于专业评价是完整，对于人物交代是外延；对于节目的文艺品质是提升，对于热爱音乐的普通观众也是寓教于乐。换言之，如果这是一档更讲求专业性的纯歌唱比赛，而非大众娱乐的歌唱真人秀，刘欢的这段评述无疑应该成为重点，脱帽子情节则可能成为余兴。

剪辑的艺术，不是非此即彼；剪辑的玄妙，没有标准答案。毫无疑问，剪辑本身是一场再创作。

剪辑是把杀猪刀。哪怕在最强调真实的电视真人秀里，完成节目的最终叙述逻辑，有时是在西方精致的技术框架里，呈现着东方式的哲学。

我剑 何去何从
爱与恨 情难独钟
我刀 划破长空
是与非 动也不动……

最早告别“好声音”舞台的董贞，留下一曲带着面纱的《刀剑如梦》，她被刘欢用真挚的刀剑挑开了面纱，却在之前已被击醒了继续讴歌的梦幻。看不见刀光剑影的电视剪辑，在面纱内外挤出“剪嗨”与“真嗨”的尴尬表情。

8 那英被剪"对掐"？

2012 年 9 月 13 日之前，是那英在节目组的幸福时光。

第一轮录像，她"嘭嘭嘭"拍得最欢，三天一过，到手 8 位。刘欢 6 位，哈林 4 位，杨坤艰难开张。原定每位导师 12 位学员的名额，眼看被这位豪情二姐撸走 2/3。节目组不得不修补计划，每组增设名额两席。

"天时地利人和"的好时光,"嗨"到"小二班"导师考核战戛然而止。这场被称为"那姐和媒体对掐"的风波在上海松江大学城录制现场上演。

纯情梁博、激情张玮、伤情多亮、深情张赫宣，四位小伙围绕魅力女导师一曲《征服》开场。他们即将角逐那英的得意门生。当时，似乎除了梁博是匹黑马，其他三位可谓众望所归。谁将跑出她心目中的"第一"呢？换上国际范行头的天后坐上转椅没超过第一轮，就被媒体评审团来了个下马威！

首次录制"导师终极考核"战，她似乎还没有准备交出一半的权力；和

^ 双重身份的媒体评审团代表了谁的意志？

来自全国99家媒体代表组成的评审团联合操刀，更是一场没有彩排的战争。

率先演唱的是上期被她保送晋级的张赫宣。那英保送之语言犹在耳：“我选张赫宣直接晋级，因为我不想他受到伤害！”她顿了一下又说，“我也不想别人伤害他。”护犊子得紧。张赫宣是她在“复活赛”中打捞起来的学员，得到了整个节目初选的最后一张门票。为了等到他，那英甚至舍弃了感人至深的云杰。也许，张同学和杨坤即兴合唱的《无所谓》，惊艳而有创造力，和杨坤旗鼓相当。但是这一次，他选唱崔健的《假行僧》却鲜有共鸣，被99位媒体评审团率先放弃。每个人都准备了三首歌，老实巴交的他，瞬间丧失了再唱下去的机会，所有的计划，刹那间付诸东流。

厮杀立竿见影，那英猝不及防。她没料到自己的“香饽饽”张赫宣瞬间出局！为什么第一个被淘汰的是他？！天后的眼泪绷不住了：“你们，你们怎么这么选？气得我，小心我半夜找你们去！”事后，《重庆时报》爆料，张赫宣的出局是“误杀”：“节目组让媒体评审团给三位待定学员依次打分，得分最低的一位出局，却没说清楚是单选、多选还是不定项选择。在第一个给张赫宣投票时，很多记者都以为这是一道单选题，因此谨慎地选择了观望。当此轮投票结束后，张赫宣的得票数明显偏低，节目组立刻发现了问题，赶紧告诉大家是可以多选的，很多媒体评审开始抱怨：怎么不早说！不过这时候张赫宣已经在舞台上发表临别感言了，工作人员在征求导演组的意见后也表示，只能这样将错就错了。”

而在上海松江大学城现场熬夜观战的媒体评审眼里，这位大姐大的情绪走火才刚刚开始。

第二轮，多亮和张玮决战，媒体以近30票的差距淘汰多亮，再一次摧毁了那英的预判。她在下场口抱着多亮哽咽说“对不起，我没能留住你”，让人动容，媒体评审席中响起“那姐不哭”的声音以示鼓励。她对99张陌生的面孔委屈道：“我和媒体评审团的口味有点不一样，怎么会这样？我真的很喜欢多亮，他是一个很特别、很有才华的声音，我很喜欢，很多朋友发短信给我，让我一定要把他留住……”

接着是梁博和张玮的对决，几乎泣不成声的那英几近绝望。当媒体评审团准备投票时，她悻然道：“我知道你们什么口味！”结果，稳定地发挥的梁博继续自己的干净纯粹，张玮则因为在《My way》中炫技而被刘欢击中软肋败北。这一次，媒体把票投给了梁博，和那英一致。

节目录制完毕，被呛声过的个别媒体评审按捺不住在微博吐槽，“对掐”实录也在长微博和贴吧出现。20个小时后，在录制哈林考核战的节目现场，冷静下来的那英在对金池和王韵壹对战表态的时候，忽然跳转思路向媒体评审席表示歉意：“……不是你们不好，是我自己没给学员把歌选好。”媒体代表也全体起立报以掌声。最后一场的终极考核录制到16日清晨5点结束，那英主动和媒体评审合影留念。一小时后，她在微博上写下大姑娘般的好心情：天亮啦，下班啦，昨晚的考核把我融化啦。

播出的节目中，公众看到的那英是经剪辑的情绪碎片，即使不了解幕后也可以观赏节目；但是，链接这些情绪以及场景的复原，已提前通过网络和各种渠道扩散。剪辑“对掐”，但没有篡改冲突，在这一场真刀真枪的真人秀中，我们可以解读出三层涵义：

① 传统 PK 激进

这是一位经传统媒体20年树立起来的把持流行乐坛的不老“天后”，与当下融合了纸媒、互联网、数字媒体三大主流媒体代表的一场感性与理念的碰撞。在老歌中保守形态的张赫宣对阵挥洒现代感的张玮，毫无优势；同样，作为80后的菜，张玮在《三天三夜》《A change is gonna come》的活力激荡，也轻易击败更受60、70后青睐的多亮所演绎的浑厚深情。学员之间音乐气质的差异，投射在那英与媒体评审的选择上，是不同文化背景和音乐观念的代际沟壑。

② 职业 PK 业余

前者是一位在歌坛阅人无数、滚爬多年的歌坛大姐大，后者兼任了“记者”与“普通粉丝”的双重角色。媒体评审团成员既无法全权代表其所任职媒体的审美主张，也没有条件融合该媒体的读者口味，面对现场的判断，更多的只是他们的娱乐记者身份和个人偏好。他们可以视那英为大牌，但不会是其言听计从的粉丝。

③ 单一 PK 多元

单一媒体或渠道“一手遮天”的情形在多媒体时代已成为历史。只要有公众参与的事件，就没有可以“捂住盖子”的可能，电视成片可以剪辑，但现实发生的插曲，在新媒体的路径上不会自动删除。

这一看似“负面”的插曲也让制作方无以回避。毕业于复旦新闻系、从事新闻传媒和综艺电视制作20年的田明向媒体袒露心声：“媒体评审团和导师之间的互动让我流泪，节目进行到那个时候，媒体很较真，导师也很较真，节目录制现场的这种‘正能量’，会通过镜头传递到电视机前的观众那里。我们往往忽视现场的氛围，其实只有现场做到了，电视机前的观众才能感受到。各种误会和争执，是因为大家都较真了，这种较真本身就是‘真人秀’的一部分，是我特别珍惜的。”

当“较真”成为力量，全媒体渠道的各种意见的发散，使得导师、学员、观众、媒体之间既保持独立判断，也在音乐的名义下握手前行。剪辑，只是真实的浓缩，却无法僭越现场发生的一切。

就这样被你征服
喝下你藏好的毒
我的爱已陌路
我的决定是糊涂……

那英1998年的《征服》，是被学员们翻唱最多的一首歌，她率真不服输的个性，在真人秀的战场上被演绎得淋漓尽致，却在同媒体评审的对峙后偃旗息鼓。14年前的《征服》，只是风花雪月里男女情爱战役的拉锯;14年后，在荧屏内外，那英正在完成自我的征服。

C 杨坤被剪火了?

如果评选《中国好声音》之最，杨坤应被视为逆袭之最。

在招募学员的进程中，他是最后开张的导师，第一轮录像的三天，选择加盟他队伍的学员寥寥无几，以至于现场观众喊出：坤哥加油!

70后杨坤，在资历、人气上较三位60后导师而言没有优势。从一开场，这似乎就是一个不“公平”的起跑。但是在电视真人秀的磁场上，以往音乐成就未必成为一劳永逸的游戏“积点”。比如李谷一在深圳卫视金钟奖节目中因选手迟到拂袖而去令人匪夷所思；谭咏麟、孙楠在《声动亚洲》言语分散，乏善可陈；孙悦和韦唯在《春晚直通车》中情感苍白，词不达意；台湾“民谣之父”罗大佑与“综艺教父”王伟忠在《中国最强音》与《中国梦之声》中呈现盛名之下的“岛屿”格局……电视真人秀比任何语境更容易晒出评委导师的真容，包装过的名气光圈可能褪色；未被暴露过的真性情，在人生的多棱镜下，亦能折射出异彩。

杨坤应该属于后者。

听黄勇《春天里》，他的眼泪夺眶而出，他的北漂心酸的共鸣打动了观

∧ 那英狂收学员时，不知身后杨坤的一瞬间

众，也让那英惊讶“你哭了”？！但是黄勇放弃了飙泪的他，跟了那英。——悲情牌无效。

他启动了徐海星的身世，“你父亲来了吗？”却为她归属刘欢作了最大的铺垫。——温馨牌无效。

他使出去哈尼族地区办演唱会的招数，依然没拉住李维真随哈林而去。——强拉牌无效。

杨坤还能使出什么妙招？

短短的节目录制周期里，他要成功翻盘缺利器。谁也不知道，他的内心正经历怎样的煎熬，但是他依然守护表达的尊严，决不因为“捉急”而制造废话，成为一些综艺节目里空洞的“话痨”。记得第一天开始录制了十多位学员，他只对其中三位说了超过三句话的评点，导演组甚至有些担忧，但琢磨之下可以发现，言语不多，却处处用心，三处点评都情怀独特且异于其他三位风格。

一天半后，“惜字如金”的杨坤正式祭出了他的“32 场”！然后，一路为这个数字充电的他，吹响了逆袭的号角。到了第三天，当导师们的四把椅子都为郑虹转身的时候，这位最年轻的导师已应付自如，并在顺势而为、逆流而上中取得话语权。当刘欢为郑虹拿出了“五棵松跨年演唱会”时，杨坤欣然表态道：“以前，看到他们这样的学员我都很饥渴，他们选不选我是另外一回事，但是我今天突然从他们三位导师看着你的眼神中，感觉他们真的对你太好了，你今天别选我了，你选哪个队，我都替你开心，当然你选我，我也不介意。”一段话以退为进、诙谐洒脱，其开放享受节目的心态让大家刮目相看。

而这一期节目导师最珍贵的镜头，是这个画面：曲终人散，郑虹选择刘欢后和导师们一一告别，走下台口的最后一站，最靠近通道位置的杨坤站起身来，他没有拥抱这位女孩，而是抚着她的肩膀，用餐巾纸细细地为她擦去满脸的汗水……

看似匆匆而过的三秒钟，聚焦了这位硬汉身上的柔情，在木讷和感性之间的穿梭，线条生猛硬朗；而这一刻，面对把自己“踢出局外”的学员，他却为她拭去紧张的汗水，突出了这位个性熟男的细腻温情。

^ 率性的杨坤，奔放的时刻

真人秀的赏心悦目之处，在于用真实的丰盈，伸展未知的翅膀，让情怀抵达。在剪辑处理中，杨坤的这一动作也可视为“闲笔”拿下，这一次却被浪漫地留下。

值得回味的是，在 150 个学员里，自始至终，杨坤只为这一位学员擦过汗，且在节目内外也一如既往力挺郑虹。郑虹和李代沫对决时，他选她；当她被淘汰后，在公众看不到的导师休息室里，他依然好奇地追问刘欢。节目播出后的凌晨，杨坤发出微博表达惋惜：“今晚唯一让我感到可惜的学员是郑虹，你有着无与伦比的音色，不要难过，就像刘欢老师说的，你的前途一定是光明的。”他用了“唯一”这个词，其实他更是“唯一”，唯一敢公开“惦记”他人学员的导师。

他依然执拗地为屏幕上的郑虹隔空擦去泪痕。

不知道有多少人，甚至郑虹本人是否体会到这颗不受束缚的爱才之心？郑虹或者黄勇，他们的决定，必然决定了他们为追随的价值而忽略了另一部分。选择无以分高下，但是每一步取舍，却可以改写人生的路径：每个人的选择，都是自己对人生的分场剪辑。

2012 年 8 月 17 日，杨坤遭遇的剪辑之痛来临。在他主持的《酷我真声音》中，对李代沫的访谈引起轩然大波。

代沫翻唱曲婉婷的《我的歌声里》自第一期起就引起非议，在微博上甚至出现了环球唱片律师召唤他的情形。李代沫在节目中解释，为了参加一个选拔活动，他上传了演唱的视频但并未从中谋利。节目中杨坤说：“你无意识地帮她传播，她还要感谢你，你也没错，唱片公司也没错，错就错在《中国好声音》这么强大的平台把你给弄火了！”当天23点12分，节目刚播完不久，曲婉婷在她的微博上发出了“……”这个意味深长的“省略号”得到了7000多条评论和1200多次的转发，迅疾把杨坤推上了“感叹号”的风口浪尖！

不到两个小时，8月18日零点53分，杨坤发出快人快语：“今天的‘真声音’中我和学员的对话被掐了一大半，我原本表述了我也是一个创作歌手，很重视版权，希望学员可以换位思考，好作品必须得到保护等等，但是更重要的部分被剪了。‘好声音’上被翻唱的歌很受欢迎，甚至连电视机前的大爷大妈也喜欢。我希望‘真声音’的剪辑更专业些，不要只顾赚广告，不行就换主持人吧。”这条微博留下13000多条评论和近9000次的转发。

他被剪辑“火了”。作为一位音乐创作人和歌手，杨坤在节目中的言论显出对版权意识的淡薄，的确让人大跌眼镜。从前期来看，如果总导演明晰《酷我真声音》节目的定位是为“好声音”补位而非独立出位，如果编导们清楚启动李代沫这一话题，让杨坤代表节目组和自己表态呼吁遵守版权意识远重于挖掘李代沫演唱的幕后心路，那么对话题的架构，就不应该忽略这个重点。从现场控制看，即便杨坤的表述不够义正词严，导演也应该提示把关键言论再录一遍。成片的处理方式，剪辑导演不但没有将杨坤的对于版权意识的呼吁，通过技术手段强化，而去突显他的其他发挥，将节目的意识缺位扩散得更远。

曲婉婷不着一字的“……”胜过千言万语。

杨坤的剪辑之痛也许只是一时因语焉不详而进行的“快刀斩乱麻”的处理，却足以引以为戒。其实任何访谈节目，表面传达的是信息，背后支撑的是文化。放眼看来，中国电视娱乐访谈，往往因为过度追求炒作爆料，刺激感官的八卦经不起时间和价值观的考量，也容易导致在业界常识和文化底线的失态。

他是生猛的，又是细腻的；他是敏感的，又是直接的。“为郑虹擦汗”的剪辑刀下留情，画出硬汉柔情的点睛之笔；“为李代沫翻唱叫好”的剪辑失之桑榆，令人遗憾。

躺在剪辑刀两侧的杨坤，和曲婉婷一样，是受益者也是受害者。

5 她们在歌唱

“好声音”让她们学会歌唱。

每一首别人唱过的歌，

在她们的嗓音里，都是自己的传奇。

她并不想哭，

只想在声音里寻找自尊的歇脚，

即使在别的地方仍不住飙泪……

A 王韵壹：必要的丧失？

“是的，她是《左小祖咒(微博)去奶子房》的筱慧。她是个地道的苦孩子，但很少说的。”在王韵壹经由《中国好声音》比赛而爆红于网络时，音乐人左小祖咒在自己的微博里这样写道。

这个个子小小、乐观豁达，自称“做梦都笑”的姑娘在音乐圈浸润了10年之久，熬尽甘苦，通透练达，有着同龄人没有的成熟和智慧。从没参加过任何选秀或音乐比赛，她开始对导演组的邀请有点莫名其妙：“音乐是用来分享的，怎么能用来比赛呢？”

长发的王韵壹，曾经叫做王筱慧的王韵壹，在左小祖咒摇滚边缘的王韵壹、读罗素《西方哲学史》、丹纳的《艺术哲学》的王韵壹……都是节目未接触过的部分，她，是一个谜？

7月12日的录制现场，没有人知道她是孤儿，没人看见过她的眼泪，在绚美的红色“The Voice”Logo下，在闪耀的灯光下剖白的童年。有些情感太过脆弱，它经不起撕裂，却会像生冷的水一样漫延出玻璃制造的屏幕，然后，面临口水，或者泪水，破碎……

这一幕稍纵即逝。当她在最后争夺导师黄金席位时，面对媒体评审说出自己是失去父母的孤儿时，还是以平静屏蔽悲伤，让每次试图读懂她的人们，在患得患失中感受宁为玉碎的刺痛感。

因为，她在舞台上说的是“感恩”和“快乐”。

因为，你无法判断，一个在童年生活塌陷的女孩，她所自立生长的每一片图景，是如何疼痛地丧失却又艰难地拼接完成？

哈林晃着头双手比画着，问眼前1米48的光头女孩：你的这个造型有什么特殊的原因？是天气热啊还是……？

王韵壹：我原先头发太长了，……每天打理很麻烦，没时间练琴、练歌、写东西，而且关键是剪了也很好看，你们没发现我的头很圆吗？

她转了45°，让大家看到她的光头。及腰的长发落地，真的是那么简单吗？

へ 小巨人王韵壹及腰的长发落地，真的那么简单吗?

轮到杨坤提问，她竟然主动模仿杨氏哑嗓，唱上了一句：“无所谓，谁会爱上谁……”

杨坤：我当然是喜欢你的了，但是我还想问，你每天都这么开心吗？乐呵呵的?

她说：……基本上睡觉的时候也是这么快乐的，因为我真的是打心底认为自己是世界上最幸福的人，我可以每天有大把的时间做我最喜欢的事情，唱歌、玩音乐……

刘欢看着她说：“音乐是自由的，人也是自由的，希望你快乐地自由地寻找你的音乐之梦。”他睿智而平静的眼光，没有渴望和激动，他试图静静分解歌声背后的分量，却在这个现场难以穿透她心灵的屏障。

如果，在前面一天刚为徐海星丧父之痛落泪的刘欢，再次面对一个孤儿在生活废墟之上的吟唱，他会怎样？

26 岁的王韵壹，在献上铺满人生落叶的《被遗忘的时光》之后，交给他们的，却是遗落在岁月的阳光。她，依然是一个谜。

她的爵士素养，不在于音质的醇厚、音韵的磁场，也不在于专业的控制和游刃有余的华丽尾音处理，她所流露的那种轻松“快乐”，或许早已成为生活之茧表层的包装，简白丝滑，绝境道场。

创伤与恬淡，悲情与豁达，感性与随性，故事与态度，逃避与妥协……构成了极度分裂的电视语境。节目和她，都不去触碰她的眼泪，学员缺失的亲情，不是真人秀赤裸裸的加戏砝码。

导演潘潘和她同年，都是 1986 年出生的女孩。潘潘第一次发现韵壹，是在豆瓣网页上，“她的光头造型照把我惊到了，而后我通过微博和她联系上了。”潘潘为了说服她参加节目，在北京和她见了两次，并通过电话磨。因为选秀节目颠覆了王韵壹对音乐的敬畏之心。而第一次在北京见到王韵壹的副总导演沈宁，就感觉对方的成熟和独立，她不喜欢翻唱歌曲，坚持原唱，这对已经出过原唱唱片的歌者，不算离谱的要求，却和模式要求不符。后来，经过节目组的多次沟通，这位“爵士女王”才理解了节目，主动加入了改编。

“那天录像前排练的时候，刚听过几个唱流行歌曲的学员，她一出声，就把我们震到了！沈宁老师也在旁边直夸，赞！”潘潘回忆录像前的情形，也间接说明了有一些来试音的歌者，其实远低于 DEMO 中的音质。“她的嗓音就是那么独特厚重，首次在现场听到和之前听 MP3 的感觉完全不同。”活泼开朗的潘潘同时是王乃恩、刘悦的导演，她曾自豪地把他们称为自己手里的“三颗炸弹”。

但是唯有王韵壹这颗“炸弹”，炸进了 16 强，且与四强一步之遥。

“我想说的还是‘谢谢’，‘谢谢’是浮在我脑子里的第一个词。”在哈林组被吴莫愁淘汰的那一瞬间，韵壹似乎提早丧失了斗志，在她看来爵士是小众的，爵士赋予她的哲学是“为生命的困境寻找出路”，而不是选秀的出路。

她后来在《歌声传奇》节目里，再一次面对田震的提问，关于头发、快乐、父母。王韵壹唱了《你快乐所以我快乐》“献给最爱的爸爸妈妈”，将王菲的轻柔飘逸化为悱恻深幽，有一种痛，在歌声中无力挣扎。她直面了自己是孤儿的话题，在《中国好声音》里欲言又止的部分，在分享的背后，曾经像一件旧衣被拆去针线的那种无助，似牛冷之水漫延的时刻，蹒跚地到来。

光头女生把另一位歌手弄哭了，自己却没有眼泪。一个失去双亲孩子的惊慌失措，一个被夺去快乐天空的孤独成长，一个从15岁开始自己养活自己的少女的煎熬，一个从山西到北京北漂六年的意志坚强，王韵壹把王筱慧的那一个世界继续屏蔽，而后，用歌声告诉你，她和人生妥协的样子。

她的泪水第一次展露在镜头中，是在回到山西太原家乡当《我就是达人》节目的评委——面对沙画表演者安雪玲对失去父亲的哭泣，从未在公众面前显露过伤痛的她，突然被击中。爱好音乐的父亲留下的吉他，是她10岁以后在音乐里寻找爱与坚强的理由，却始终没有用来为自己的声音加分。

在导师考核“七进四”那场，哈林的四位女将坐在我的前面等待排练，王韵壹的光头在蓝色的灯光下抛出温柔的弧线，笑容洁净而温婉，坐在眼前的四位女将：金池、吴莫愁、王韵壹、大山彼此欢快地窃窃私语，在没有亮出绝杀的嗓音之前，那一刻的她们都是最活泼动人的女孩儿。

王韵壹所表达的“快乐”，是发自心底的快乐，还是她“强颜欢笑”的方式？

“她喜欢音乐，她从音乐中找到了快乐的意义。”潘潘如此认为。

“我所有最难过最低谷的日子，都是音乐为我拨云见日。如果能有更多的人因我的音乐而快乐，我就会一直唱。”王韵壹说。

这样的态度在她最喜欢的书——罗素的《幸福之路》里也可以找到答案：

一个幸福的人，以客观的态度安身立命，他具有自由的爱和广泛的兴趣，凭着这些爱和兴趣，同时凭着它们使他成为他人的爱和兴趣的对象，他获得了幸福。

“爵士乐很宽容，从一开始就不停地融合各种民族各种文化，它充分地体现了音乐无国界，我也要成为一个有包容力、善良的、宽容的，能用音乐给大家带来幸福的人。”在登上好声音舞台的前一刻，她告诉潘潘，开始用“王韵壹”这个名字。当粉丝们把她昵称为“师太”的时候，这个带着信仰和圆融的名字，让她出位的光头纯粹而非尖锐。

是谁在敲打我窗
是谁在撩动琴弦
那一段被遗忘的时光
渐渐地回升出我心坎……

唱歌，是模仿的开始；歌唱，是自由的怒放。选择《被遗忘的时光》，闭着眼睛的她仿佛只为自己吟唱，为了继续遗忘。

美国“缺失心理学之母”朱迪思·维奥斯特在《必要的丧失》中说：“丧失是生活的一部分，它们必不可少，因为失去、离别、放弃会使我们成熟，没有丧失便没有未来。”

在电视里抑制的悲情，是剪去长发和改了名字的王韵壹必要的丧失，这一个光头歌唱的“小巨人”，谁能洞悉她的未来？

B 金池为何难进“春晚”？

2012 年底，央视集结了 10 多家卫视歌唱真人秀节目，向《春晚直通车》提供 50 多位草根歌手，冲刺 2013 年“春晚”。在最后一场淘汰赛中，金池遭遇了一次豪华狙击，倒在“春晚”大门之外。

快慢高低张弛有度，她的五首歌曲，几乎支撑起了二分之一节目；她打动了所有评委，却将成功赋予了联手封堵的各大卫视投票者。

金池出局，成为 2012 岁尾一大电视事件。是委屈，还是荣耀？抑或，委屈已经成为她荣耀的一部分？而一切缘起，还在《中国好声音》。

工作稳定，情感称心，她还清了债务，她 34 岁；她戴着假牙套唱歌，她的命运里欠着一张 10 年前的个人专辑，被那场车祸灾难终止的专辑。

她的伤口细细抹平了吗？她还有梦吗？

∧ 金池在唱《心在跳》

直到《中国好声音》来敲她的门。10年前，她是“上海亚洲音乐节”十佳优秀歌手李素萍；10年后，她是落户深圳的苏荷酒吧台柱和声乐教师金池。上海，还将轮回她的光芒吗？

录制节目前2个月，导演组第一次在上海见到的她，是一张疲惫憔悴的脸，金黄色的长卷发、鸭舌帽，话语不多，有些“矜持”。“她觉得自己比较拿手英文歌，而我们不需要她去唱取悦消费场所的歌。”曾经是三季《中国达人秀》的故事总导演的达达，是应对民间达人、江湖艺人千人千面的强手，对挖掘人物内心世界和形象定位有着丰富的经验。他习惯性地眯起近视眼睛，在镜片后观察着金池，这位在倦容之下带着昼伏夜出气息的女歌手。

“你要对自己唱歌，不要谄媚观众，把那种你认为很容易让观众快活起来的歌都忘掉，去找对你自己的歌。”他建议她去找一首适合自己的中文歌，这让已经在深圳圈内站稳脚跟的金池受到打击，因为她面对的不是权威音乐人士，而是一位比她年轻的电视导演。难道，他们尚未出世的电视节目能改写她的音乐历程吗？

但是她第二次来到上海见到导演组时，拿出了几首心仪的中文歌曲，其中就有她从未尝试过的《夜夜夜夜》。

“这首歌，最重要的是‘问天问大地问自己’这句，我们都认为这是金池的精神写照，她能够唱到魂里去。”达达觉得金池有自己独特的诠释：这是一个有经历的女人才唱得出的味道，甚至超越了曾经翻唱此歌很成功的梁静茹。

他们为金池选的“备胎”是《心在跳》、《谁》，希望她能把很厉害的唱歌技巧融入丰富的情感，将炉火纯青的唱功，与打回原形的自我，作出新的嫁接，让习惯面对消费场所的歌手，能为自己开一场音乐会。

金池染回了黑发，拉直了卷发，尝试做一位纯粹吸纳心声的歌者……

蓝色的衣裙微微颤动，《夜夜夜夜》声嘶而不力竭。两分钟过去，无导师转椅，50秒、30秒、15秒……杨坤、那英在最后一小节联袂转身，而在最后一次“我问天问大地——”的时候，刘欢和哈林也禁不住拍案转身！

等待区的妈妈，在女儿唱出“第一问”时，已开始哭泣。

母亲凝眸倔强放歌的女儿，随着四大导师的转身，她曾经的天问，已被女儿的狂喜击倒。直到最后一问，她不堪重负地蹲在地上。

女儿在炫亮的舞台中心闭着眼睛，直到最后一问，她等到了四张中国流行音乐大拿的脸，瞬间，她微微屈膝，再跳起，360° 转了一圈。

母女无意间相似的动作，让人会心、疼痛。

哈林说：她有一种奇怪的音色，要哭不哭的。

杨坤说：我来告诉你，她用一首歌来讲一个故事，她不是一开始就让你激动的人，她的音色就是有故事的人。

金池在舞台上跳转了一圈后，紧巴巴地说："我就是爱唱歌，出了车祸没有关系，我音带受损了还要唱歌！我没有了门牙、戴着牙套还要唱歌！我就是要唱歌！"

"今天你来到这里，你所做的一切都是值得的。"杨坤说道。

扎进家属等待区，一家人抱头痛哭。母亲柔软孱弱不堪一击的面容，和女儿消瘦骨感坚韧顽强的神态，拥抱成一张最为复杂的中国母女图。

接着，她层层过关。进入哈林队四强时，台湾顶级音乐制作人王治平隔着10米开外叹息道："已经不能用专业来形容她了，她是一位有国际水准的歌者。我也是福建人呐，你是我们福建人的骄傲。"

而在争夺哈林队第一席位时，《心在跳》却成为她的"好声音"告别曲。她以一分之差输给了同样唱功了得的王韵壹，导师哈林在现场抽起了鼻子，刘欢轻轻地抚肩安慰。

在李维敏眼里，金池在好声音学员里，唱功第一，"她总是能够唱出细微的变化，而又不打扰音乐"。"不打扰"一词的运用，像极了她的性情，她的结局。

你的泪不代表我的烦恼

我的感动不代表你的心跳……

她让一个个音符的跋涉和踮脚，侵袭着人们的心绪，又以不卑不亢的台风安抚所有爱惜她的人。然后，她走上了《春晚直通车》。她的《谁》打动了坐在评委席上的潘玮柏，赞道："如果要问我金池是谁？我会说，她是巨星！"从音乐资历上来说，金池出道比潘玮柏早，偶像潘玮柏似乎在向所有被命运埋没的歌者致敬。后面几轮，这位实力女唱将的表现，继续给流水席的评委刷新惊喜。有一次孙悦和韦唯对她点评过后，梁宏达语惊四座：“你的低音那么出色，却还能翻上两个八度的高音，你就是在韦唯肩上站着一个田震，你是她们俩。”此语不仅让在座的女歌星面面相觑，也确认了金池的实力足以担当国内一线。

这份赞誉，是否过火？冲刺的最后一战，金池用10年前的《痴心不改》回答。她感慨，回头来看，这首歌似乎早已预计了她这十年的命运。坐镇评委席的孙楠表示：“这是第一次听金池唱歌，音质、乐感都非常好，很惊讶有一个这么好的歌手站在这个舞台上。”作为《声动亚洲》评委的他，首次突破了节目之间的壁垒，赞叹《中国好声音》的学员。

董卿点出金池这首歌跨越10年问世的背景，在“好声音”里雪葬打包的挫折悲戚，终于让央视综艺撕裂。她诉说自己在车祸中被磕掉门牙、出唱片受阻、酒吧驻唱还债等辛酸往事……这些被“好声音”节目放置在学员前传的桥段，被董卿拿到前台聚光灯下的扎心，让金池纯粹的歌者身份在煽情戏份牵引下，演绎成为一个事先张扬的舞台告别秀。

《春晚直通车》的极品之处，还在于反复使用“好声音”学员之间的互搏吸引眼球，每集均有2–3次的PK出现在“好声音”学员之间。当张赫宣在上一期被用尽遭弃后，决战时刻，平安险胜入围后，金池责无旁贷地顶替起“劳模”唱将。五轮的PK金池全有份出力，她接连唱了《夜夜夜夜》、《对你爱不完》、《There you'll be》、《听海》，加上之前的《痴心不改》，五首歌曲，既演绎出流行歌曲的爵士风情，又对经典歌曲进行激情爆破。

她的歌唱，是节目最大看点，她的去留，成为节目最大悬念。观察员身份的“春晚”总导演哈文也抢过话筒由衷赞叹：“金池的淡定和她对音乐的把握，仿佛就是为这个舞台而生，好多专业歌手都达不到这样。”孙楠再次心悦诚服：“你是今天晚上当之无愧的歌后，如果我跟你一起唱的话，我肯定唱不过你。”

但是一切赞誉，更像是一起联合抬轿送她下台的“厚葬”。据回放视频截屏显示，由34家卫视、8家平面媒体、8家网络媒体等组成的大众评审团，在最后一轮投票中，各家卫视集中投给了一招鲜的民族歌手阿普萨萨，锁定金池败北。

∧ 直发时的金池，唱功了得

引发网络和平面媒体一面倒的全民声讨,“内定说”也喧嚣尘上:“这种结果不怕砸脚面上吗”、“果然许艺娜是内定”……不一而足。当选手去留的最后结果貌似不由央视决定,而是由央视决定的各地卫视和媒体代表决议之时,同为央视的哈文与“春晚”音乐总监洪兵也接连发声支持金池以脱“黑幕”干系。

当晚22点27分,洪兵发出微博:“金池是‘直通春晚’中唱得最棒的!也应该是‘好声音’的冠军”。23点多,哈文在微博继续力挺:“作为观察员,今晚本没打算发言。但第一次听金池的现场,确实是被震撼到了。她是为舞台而生的,从容淡定,唱功与台风俱佳。故而按捺不住,表明了自己的喜好。无论结果如何,我都希望金池继续自己的音乐梦想,因为梦想是打不败的!”那英、杨坤、哈林也加入了声援金池的大军。

有网友在洪兵微博上留言:是央视阴谋还是各地卫视阴谋呢?

业内外观众网友的质疑井喷,遍地的“阴谋论”拷问着公平和人性的指向。有一个传布较广的帖子写道:“所有秀的过程都是最肮脏的人性,各家卫视算是保住了颜面没让浙江卫视独霸,自私得没有公平,央视自私的布局利用各家卫视的各自鬼胎,运筹帷幄掌控局面,使得浙江卫视不能成为新的霸主与央视抗衡,评委们随心所欲不必为担心结果一味引导结果……看央视最牛的阴谋,都上当了,观众,各家卫视,选手,赢家只有一个,哈哈哈,谁在意人性、在意公平?”

假设平安和金池都进入前三,幸福的确不属于各地卫视,更不属于央视。因为无论各地卫视的投票者是否具备“陪玩”的豁达,如果最后入驻“春晚”的三个名额让浙江卫视独揽两席,最后被吐槽的肯定是央视。央视当然不愿变相成为“好声音”的“托儿”,让自己这块中国最强势平台的下一次被地方台“拒绝再玩”。所以,看似公允实则存在利害关系的“陪审团”制,宁愿赋予金池半个个人专场,将实至名归的她排除在前三之外。

步步惊心,规则用尽。每一场游戏的主人,都有一本难念的经。

如果将金池的出局视为正常,那么,另一位不入《声动亚洲》、《中国好声音》初选法眼、无声音辨识度的女歌手,一路撂倒魔音常石磊、磁音张赫宣、伤音金池三员翘楚,以被观众最大质疑之态破门“春晚”,只能是评审团逆袭的奇迹。

央视或者各地卫视，谁做了局、是否有局，并不重要；重要的是，谁也不能阻挡金池所向披靡的脚步。她只要记得她是在对自己唱，不必取悦于任何人的一个演唱会。是的，她说过："我就是要唱歌，我到了 80 岁还要唱歌！"

我把梦打开只为等你回来

无人缘说的痴心不改……

《痴心不改》道尽她的音乐之路。她蹲下、起跳，流金的声音在沙砾细细磨砺后似水漂流，卸下人们满是尘埃的戒备……

她的眼神总写着不被俘虏的渴望和隐隐的坚韧，而一旦遭到放弃，她会不露声色地收拾失望，镇定地将即将冲出眼眶的泪水抽干。在这位熟女的心底，似乎早已预备了一卷抽不完的纸巾，任泪水打湿坚强的皱褶。

"好声音"让她们学会歌唱。每一首别人唱过的歌，在她们的嗓音里，都是自己的传奇。她并不想哭，只想在声音里寻找自尊的歇脚，即使在别的地方仍不住飙泪……

在拼搏中的复杂，在矜持中的淡定。评委梁宏达对金池有一段精彩的美誉："听你的歌宛如在品一杯红酒般香醇，却又在舌尖尝到了丝丝清凉，定睛一看才发现原来这红酒里放了枚冰块。可等要再感受一番冰块的凉意时，它早已融进酒中不见踪影了。"

她是一件盛着甘泉的瓷器，她用 10 年的低吟来修复滴漏的裂痕，却不知，那里已折射出最美的青釉。

第四章

巅峰时代

他们的文化，决定了情怀；

他们的情怀，决定了人性触摸的高度；

他们的高度，决定了节目的意味与结局。

黄晓明 李玟 韩红 罗大佑 章子怡 杨坤 哈林 那英 刘欢 崔永元

1 故事和梦想

其实，我们都是小丑。

有人知之，有人未知。

刘欢摔下了帽子，

崔永元卸下了面具，

他们因示弱而强大，他们因简单而深厚。

悲天悯人或举重若轻，真人秀是“真”学，

真人秀也是“人”学——关于“真”和“人”的学问。

A 梦想观察员崔永元：其实我就是那个小丑

“作为梦想观察员，在才艺和情感故事的价值上，我们应该如何评判？”

崔永元和节目组的第一次见面，是在2011年底的北京，某录像棚内的一楼大堂咖啡吧里。第三季《中国达人秀》的第二阶段，16强将亮相人民大会堂，他被节目组请来当梦想观察员。

小崔看过了节目组为他准备的达人节目视频，向我们提出这样的问题。他用西双版纳的“雨林精灵”李林姐（Linda）和李宛姐（Wanda）姐妹举例，说看了她们在“达人秀”第一阶段的节目，就忍不住流泪，被她们失去父爱而依然和父亲的雨林精神在一起的梦想而感动。可是感动过后又觉得，作为歌唱表演，小姐妹的歌声，不能算是很出色的才艺。

才艺与情感，到了真人秀的至高桥段，呈现出故事与梦想的两个层面，考验着观者和评判者的价值取向。

导演组向他解释，如何评估一个节目和达人，在于你个人的趣味和价值判断，甚至是现场反应，没有对错，没有统一的技术指标。拿《达人秀》版权方Fremantle Media的Sheldon Bailey女士的话来说，即使玛利亚·凯瑞现身舞台，你不喜欢她，照样可以给“✖”；一个才艺出众的人，他若不可爱，依然不是真正的达人。观众希望看到的是不同文化背景和个性的评委口味，而非一场纯专业的竞技比赛。

在人民大会堂的舞台上，我们看见了崔永元评点台湾扯铃达人的经典桥段。他问宋佳政，你为什么扮小丑？是否小时候特别内向？

宋佳政回答：是的……

小崔：“大家都知道我得过抑郁症，医生让我经常去看看小丑表演，其实我就是那个小丑，我可以断定经常化妆成小丑的人内心是不快乐的，别看我们今天化妆成这样，生活中可能也是小丑。小丑也可以是人间天使，给别人和自己带来快乐。”

——“其实我就是那个小丑。”

涂满颜料的小丑脸谱上，挂着一颗静止的巨大的泪滴，而宋佳政自己的眼泪已经在心底流下。小崔将台上的达人为一门技艺的谋生，用自己的人文情怀和体察入微，铺设了更有力量的梦想轨道。以自己的价值观找到和每个达人展现精神的契合点，做当下中国百姓的梦想推手，是中国版达人秀的最终逻辑。

在第二季《中国达人秀》里，卖鸭脖子夫妇的妻子唱出了田震的气韵；孔雀哥为植物人妻子的微笑而制作扮演机器孔雀的表演，是在舞台上绽放的草根传奇。他们身上的故事也许是一个阶段的泪点，但绝不构成一个时代的情感作业本。部分导演过分依赖故事已对节目产生逻辑谬误，虽然故事更容易击中中国电视观众的心脏，但依然无法超越观众对真人秀的真诚考量和才艺品位的审度。

故事很煽，歌声很拽。模式公司 IPCN 的杨媛草并不否认，“导演团队跟每一个选手过他们的故事，这是很重要的一部分。”当选手、音乐巨星与偶像和平民学员在现场近千名观众的众目睽睽下感性释放和真情碰撞，纯粹的音乐和歌声比拼，可能是一场 CCTV 的“青歌赛”，而不足以支撑当下电视综艺多层次的观赏需求。

“不要质疑怎么又讲故事了。”金磊如是说，“我们唯一的标准还是好声音，这是前提。但所有成功的节目，无论是纪录片还是音乐选秀节目，核心就是讲这个时代、这个国家的人和故事。我们就是通过电视这个平台讲好人的故事，人的情感、价值，个人生命的体验，渴望得到尊重的荣耀感。所以我们不遗余力地用最大耗片比，炼金一样传递真实的歌声和人。”

“不用和我们讲故事，”崔永元对沟通故事的导演说，“我只要掌握这个节目的逻辑就可以了。那么，请告诉我《中国达人秀》的节目逻辑是什么？”

对于一个有着丰富策划和主持能力的电视人来说，他的这句话，表面上是“反故事”的，本质上却直抵节目的核心和灵魂。

回想起第一次见到小崔，是在 2009 年的上海东视演播厅，上海电视节主持人颁奖礼节目，由我担任总撰稿和“小崔与张越”互动桥段的编导。上台前一小时，我只花了 2 分钟和他们“说戏”：彼此佯装互掐的三个选题和道具，其中一个是把自己和对方的节目比作一种饮料，并讲述理由，再互相为对方节目“砸挂”“支招”。记得他们并没有提问，听完后就各自聊天和琢磨去了，上场前也没有看到他们两人互相对词和排练。而后，他们在直播的8分钟里却异常出彩。当时我想，来自央视的他们，从节目策划开始再当主持人、制片人的他们，的确是我所见到的最优秀的电视人。在文化和娱乐、理性和感性的两端，他们用智慧和底蕴平衡。

在人民大会堂录制第三季《中国达人秀》两期节目时，他还说起，自己在节目中对嘉宾和生活中的原则是，宁愿和身份地位看上去高者碰瓷，也不会对草根百姓摆谱。

这样的理念和《中国达人秀》梦想观察员（评委）的“逻辑”是一致的。编导掌握的“节目逻辑”，是梳理电视节目叙述线条、起点和终点，目标与价值是推动节目的本质力量。面对一些喜欢给嘉宾灌输“故事”的编导们，我想说的是，和一个远比你更有人生智慧和沟通能力的高手，具体资料的描述是考验功底的，如果你的认知只在将信息嚼烂喂食，而没有能力提供思考和提升的切口，那就宁愿默默送茶倒水也不要浪费时间；如果你有自信和他们聊节目，通过所谓故事来触摸这个时代、这块土地所发生的棱棱角

^ 第三季《中国达人秀》在人民大会堂录像时，作者和崔永元聊节目

角、磕磕绊绊，请永远搭住人文脉搏的起跳，那么他们会比那些周到服务与巨额稿酬更信赖你的节目，你才有资格成为他们身边称职的评委顾问和导演，因为在一群能人身边的言行，旁敲侧击着团队的文化底气与水准。

“功夫在诗外”。考量当下真人秀节目质量参差不齐，很多节目在评委顾问和导演上的缺位，造成节目中评委导师席“碰运气”的效果，水准忽高忽低，很不稳定。

一场真人秀，半场导师秀。拿来自台湾的评委举例，2013 年上半年，“民谣教父”罗大佑和“综艺教父”王伟忠，在《中国最强音》、《中国梦之声》中的表现，不可谓不用心，但较之他们在传播意义上的光环，也不过是“差强人意”四个字。罗大佑具备音乐态度，但在电视真人秀中的他，却显得复杂。从他借题发挥喋喋不休痛批歌手曾子鸣可见一斑，而事件的起因是曾同学开唱前对乐队说“靠你们啦”，在他的读解是“轻浮”。他当然有批评的权利，但是那些言辞的基调，呈现出的却是两地的文化隔阂。王伟忠被以“家长”定位，但他曾经过手的偶像，大小 S 或者汉典，都是台湾本土娱乐尖兵，若真以为没有文化局限可以对接大陆众生相，那么他的中庸和平稳已然无趣或显世故；还有一位像福娃一样出现在《顶级厨师》里的李宗盛，第四季《中国达人秀》里“小清新”的窦文涛，他们似乎都没有激活或打开自己。

他们是不是和崔永元一样思考节目的逻辑？他们是不是没有真正意义上可以对话的评委顾问？

越走向“真人”，就越面对自我。评委或导师的最大逻辑，是用直觉、率真来弥合“真实”的侧面，用洞察与真诚来修建“真人”的立体。出色的评委导师，不会把自己当作审判者，或成全梦想的上帝，而会自觉成为舞台上寻找彼此的信使。

像刘欢的冲冠一怒。像崔永元的将心比心。

他们的文化，决定了情怀；他们的情怀，决定了人性触摸的高度；他们的高度，决定了节目的意味与格局。

评委导师的牌大与否，和节目成本有关；但他们所创造的语境，却和节目成本无关，与节目技术无关，只关乎节目品质。大型真人秀抢到大牌明星，却难以有效专业地“运营”他们，是真人秀舶来的四种角色定位：“甜心”、“老炮”、“二货”和“异种”。于《中国最强音》与《中国梦之声》显得概念大于内涵，气场大于本质，2013 年上半年的几大真人秀中几近虚火伤身。

郑钧、罗大佑、章子怡、陈奕迅，《中国最强音》的四位导师相敬如宾、浅尝辄止，通盘几乎无一次实际意义的冲突。在 6 月上旬的“逆袭战”第三战中，罗大佑批评章子怡旗下学员曾子鸣：“我听不到他对乐队老师的尊重……”全场静听，数分钟无人回应，造成这位台湾民谣教父孤掌难鸣，反复地咀嚼“我听不到尊重”。五分钟后，章子怡才“幡然醒悟”，她终于坐不住了，在罗大佑的喋喋不休中，玉掌击桌，飙泪离场。几分钟后，主持人何炅请她回座，在一番“下台阶”之语后，她没有得到罗大佑的交流。温和到底的郑钧、自我搞怪的陈奕迅也只是含蓄飘过；虽然如此，章子怡，这位活在电影胶片里的一线女星，终于在真人秀的电视大片语境里，出演了没有预设台词的一场情感大戏。在三个不咸不淡的音乐男人中，演员体验角色的用心与技能在终场前显出优势。

在导师这门课中，应该恭喜在《中国梦之声》20 强之战中，黄晓明同学也毕业了。

2013 年 6 月 22 日晚的 20 强晋级赛中，许诺、包文熙两位男生互飚一曲《趁早》后，包文熙爆出对竞争者许诺的“不满”，并表示“会得罪一位导师”。“梦之声”的舞台上首度出现了可遇而不可求的“意外”！虽然导演在前戏 VCR 预埋他们选歌矛盾的包袱明显，却也因此逼迫出导师们的“突发状态”。事先收许诺为徒的韩红当即表态，“你不用觉得会得罪谁，你谁也不会得罪……谁给韩红做徒弟，第一，就是人好，倘若他经不起这个考验，我会让他滚出师门的。”韩红这一次的淡定，比之前任何一次不由自主的“御姐控”更有气场，而被定位“二货”、卖萌的黄晓明凤凰涅槃，一锤定音：“你记住了，这依然还是你年轻的表现，很多事情，其实是你自己的事情，不能拿到舞台上来说事。”他警示台上的包文熙，“有一句话说，两虎相争，勇者胜。但是我现在觉得，两虎相争，忍者胜。”黄晓明对包文熙的这段话，Hold 住了这一单元，他敏感地把握住了机会，用“忍者胜”表明自己的主张和立场，他的价值观与人格魅力，第一次从偶像的面容中生成出了思想的独立张扬。他也为这一过度娱乐的导师席，抹去了在“部落组合”唱完《想你的三百六十五天》后的碌碌无为，以及一次又一次地“出演”欲擒故纵的宣判戏码。

睡吧，睡吧，有的评委导师已经觉醒，有的却还在沉睡。我所定义的电视大片导师席，没有彬彬有礼的嘉宾，没有气氛融洽的看客，较之选手，他们更是真人秀“玩真”的一份子。他们彼此的关系又是和恋人关系相似，有时“羞于争执”，比“激烈吵架”显得更没有诚意和态度。

罗大佑、金星时而充当“毒舌”，勇于剖开选手，却与己无关；王伟忠、郑钧安全地扮演自己，说着永远正确的“行话”；黎明、李玟、陈奕迅、陈小春保持自我，但不像哈林兼顾他人；《快乐男声》，陈坤与黄晓明老同学“隔台”飚戏，打个平手；而陶子则比女明星们更显出语言天赋，却难有刘欢、杨丽萍那种天然的情感磁场，勇于把自己搁进去……

评委导师是否给力，既取决于其自身修为和悟性，也取决于节目构念与人文支撑。当越来越多的电视大片做到了技术品相的光鲜靓丽，其内力的散漫也易使之黯然销魂，许多节目和制作人都须控制住这一场文化马拉松。

四季 “达人秀”、一季“好声音”，接触了不下十位评委导师，总记得这一位叫崔永元的“梦想观察员”，他只客串过两次《中国达人秀》，他可以在人民大会堂凝望一位素昧平生的扮小丑炫技的选手说——

“其实我就是那个小丑。”

其实，我们都是小丑。有人知之，有人未知。刘欢摔下了帽子，崔永元卸下了面具，他们因示弱而强大，他们因简单而深厚。悲天悯人或举重若轻，真人秀是“真”学，真人秀也是“人”学——关于“真”和“人”的学问。

驱动选手命运感，是导演的责任，也是导师的悟性，“真人秀”的情节逆转，立于赛制之上，立于机械的淘汰流程之上，体现剧情转承启合的魅力，才是电视大片的内在炫技之处。

启动人性，呵护梦想，导师评委并非灵丹妙药；如何找到支点打开自己，才是灵犀之间的逻辑大法。第二季《中国好声音》，汪峰能否自洽那英、哈林、阿妹三个自由派的语场，阿妹是否在那英大姐身边“坐”出个性，拭目以待。

B 平安，无需“保险”

上帝把一只鸟的灵魂塞在一只小鸡的身体里面，给它装上长长的尖喙，并隐形它的翅膀，它盲眼且难以飞翔——新西兰的奇异鸟 Kiwi 以“屌丝”的形体，成为折翼天使等待人类守护。

在《中国好声音》里，是故事塞进了歌声的身体里，还是歌声成为故事的隐形翅膀？呈现草根“麻雀变凤凰”的电视荧屏，梦想，到底是它的名义，还是灵魂？

——你的梦想是什么？

——我要把这首歌送给我的父辈们。

华东师大体育馆的观众席，在连续几场听过了近 70 多位学员的歌艺比拼后，现场观众没有料到，会在一支一流摇滚乐队的伴奏下，出现一首主流

∧ 平安在唱《我爱你，中国》

的美声大曲目——《我爱你，中国》!

“百～灵～鸟……”起承转合的三个字由光头平安唱出，现场掌声已回旋起了两遍，四位导师纷纷惊叹，那英开始击掌打拍子，却依然无人拍键转椅。两分钟里，平安的高音跋涉过了一个又一个技术难点，现场观众从连声叫“好”变成连声叫“拍”。转椅，却依然保持冷静。

最后，在接近尾声的最后两句20秒，杨坤终于转身了。杨坤的转身，也将第二期《中国好声音》的节目推向了尾声阶段的第三个高潮：

播出时间	全国收视率	分时内容
22:45	3.21	21秒，show 结束
		29秒，杨坤（谢谢你提供我“好声音”平台）
		41秒，戴月赛后 VCR
		49秒，平安 VCR
22:46	3.217	37秒，进现场
		46秒，show time《我爱你，中国》
22:47	3.308	show time
22:48	3.416	51秒，杨坤转身
22:49	3.408	20秒，show 结束
		30秒，哈林（他的唱法不是我理解的范围）
22:50	3.348	02秒，杨坤（我好像还听到了一些摇滚的味道）
		14秒，平安（我心摇滚）
		23秒，刘欢（你为何选择这样一首歌）
		36秒，平安（我承载着父辈的梦想）
		40秒，平安选入，进广告六

光头、黑框眼镜、白衬衣、松系着的红领带、牛仔裤。干净简单的平安，还是被导师们背着椅子，听出了摇滚的滋味。当刘欢问他:“你平时唱Rock吗？”平安用左拳擂胸回答:“是的，My heart is rock!”（我心摇滚！）

《中国好声音》的舞台上，首次出现美声混搭摇滚唱法的学员！如果杨坤再迟疑 20 秒，平安也许不会是现在的平安，而会继续重复之前长达十年的音乐之路：当网络选拔 E 时代的民间歌手冠军，或参加各类电视台比赛与演出，在一支驻场的摇滚乐队里当主唱但没有更多的人记得他的乐队的名字，以及有着干净笑容的他。

现场沸腾，播出惊艳，《我爱你，中国》完全击中了电视观众的心脏。网络上，一批 50、60 后粉丝含泪亦力捧平安。

一个时代的共同记忆，美好与苦涩，由一位 70 后的澎湃再现波澜。

“我是知青的孩子，我唱父辈们的歌，爸爸不在了，他曾经在黑龙江农场，他告诉过我，他们那个年代的艰苦，靠歌声取暖……”当他说起离去的父亲，咧开的嘴角，僵持着一抹顽强的微笑。平安的叙述，让电视机前的“知青”及其子女共鸣，唤醒了他们被埋葬的青葱岁月的激情与不甘。

也有一些 70 后、80 后、90 后，觉得这太像一个编好的故事。而当人们通过镜头看到平安家里的简单，看到一排陈旧的书架上的奖状，一把父亲遗留下来的旧旧的小提琴，一位永远对儿子简单微笑的母亲，所有的疑惑消退。平安唱过一曲送给母亲的《欢颜》，这位 34 岁、错过歌手黄金期的大男生，有了深情。

他搭上《春晚直通车》演唱《青藏高原》，遭遇了原唱韩红当评委的戏剧性一幕。韩红认为平安在处理真假音上有瑕疵，主持人董卿和韩红抬杠互逗，激起韩红在现场示范“那就是～青藏高原……”，平安张着嘴，谦虚地再度试唱“藏式拐腔”的尾音处理。

这一幕场景，不知是否把平安带回到了十多年前，他骑着自行车跑到上海音乐学院旁听，这个机会是著名音乐教授谭冰若先生给他的。在一次高校歌唱比赛活动中，谭教授听到了正在读会计的平安演唱，问他愿不愿意去上海音乐学院旁听？在谭教授的指导下，平安开始拿捏美声和流行之间的尺度。毕业时，还和上音的学生们一起，在上海音乐厅作了汇报演出。

驰骋乐坛的大腕评委导师们并不知道，美声和流行的音乐之旅，他已颠簸了十年。十年，月入两千的他，在当会计和歌手之间的迷茫，在歌手与乐队、各类选秀场奔忙。

他说，他想让所有来听他歌的人，是为了他的名字而来，而不是消费一个地方。

出道很早，成功很慢。2012 年 12 月 2 日，评委林依轮对他说："平安，有一位和你一样的光头，曾经很出名，现在乐队也解散了，而你一直在音乐路上坚持，你终于成功了。" 30 多年来，我们习惯地把歌手进入央视平台或"直通春晚"叫做"成功"；现在，我们同时把一场电视真人秀让真人做到"家喻户晓"，视为"成功"。

平安，并不保险。选择《我爱你，中国》亮剑，是总导演金磊的神来之笔。在听了平安自选的《北京一夜》等歌后，他没有找到感觉。看着曾走过《快乐男声》、《我型我秀》的平安，他觉得再也不需要重复，平安漂亮的声线，足以爆破和错位其他声音的美声大歌。

在"好声音"的歌单里，既有武侠中国风的《刀剑如梦》，也有国际时尚的《Price Tag》；既有让《阿杰鲁 + I feel good》的混搭，更可以唱出《我爱你，中国》的新意。民族与国际、主流与多元、历史与未来，川流不息。重新编曲后的《我爱你，中国》，平安的演唱有了自己的独特，比如"我的母亲——"的"亲"字的炫丽华彩，激情昂扬，曲折通透，他人很难模仿。

很难想象，如果平安重复自己摇滚的路数，是否可以诱惑大众的听觉；而"美声 + 摇滚"的曲风衔接，却能让激情入驻流行，让美声黏附通俗，跨代收割了 50 后到 80 后的听众。他所翻唱的《洋葱》、《欢颜》等歌都打入了百度音乐榜的榜首，是"好声音"播出期间听众点击率最高的学员。

时代的审美意识正在变异。摇滚的反叛可以随波逐流，通俗的勾勒亦能风华绝代。主流价值、百姓偏好、专业诉求、时代印记、多元唱法的融合，成就了节目的质感；平安，是其中不可或缺的一个音符。

他是唯一为了父辈讴歌的歌者，他背负着那个时代的音符而战。即使没有一张椅子为他转动，"百灵鸟从蓝天飞过"的高亢清澈，还是会为他独特的使命插上翅膀。

34 岁，平安，无需"保险"，已经启程。

"文艺青年"的金志文

他牵着女友的手走来，个子不到1米65，消瘦单薄的身材、腼腆而执拗的神情。北漂、幕后编曲、30岁、八年恋爱，是他的关键词。

在知性刘若英的《为爱痴狂》里，编曲高手金志文将如何装上自己的音乐灵魂？

"到底你会怎么想——"

他全程紧闭双眼，副歌走完，已经泪奔，像拼尽全力的武士，祭奠出最后一个招式。委屈后的释放、压抑后的主张，这个小个男人拼尽全力。家属区域里的女友金兰的喜极而泣，与他的悲情嘶鸣交相呼应。

"这首歌在我心里藏了八年了，这是我为她准备的保留曲目，当编曲真的很苦。我觉得这八年里，她受的委屈、受的压力比我还大……"

貌不惊人的状态，失意经历的叙述，勾勒出一个努力奋斗却时运不济的挫败小男人。但是，更打动观众的，是他要给八年"孜孜不倦"在他身边的

金志文《为爱痴狂》

女友一个“浪漫”。

世界上有太多的机缘等待发现，金志文不是最晚的那个。

唱歌、写歌、编曲，一个出道十年的音乐人在三个角色里循环，出过三张个人专辑，籍籍无名；改编过太多的歌曲，“孜孜不倦”；太多的北漂，像他这样默默打拼……执着的“拧巴”、苦情的崩溃，30岁的金志文将平凡青年的成长史，聚拢在了舞台这个出口。“屌丝逆袭”的人生模板，从来没有像在当下中国这样，成为生存环境和成功路径中年轻人的励志神器。

纵情放歌的他，也许并不相信一首《为爱痴狂》，可以将另一张长长的为了糊口的音乐作业清单甩在身后；而为八年的辛酸和爱人背水一战，却在瞬间叩开了梦想的大门。

“在‘好声音’的舞台上，终于活过来了。”金志文的朴实苦情 + 金兰的温婉娴静，是《中国好声音》唯一出手的一张情侣牌。没有刻意煽情，足以让人动容。四位导师见证求婚的戏码不到一分钟的篇幅，缀在片尾字幕播出，全国收视居然形成锥形反翘，拉升了0.22个点。

还好，他是一个懂得控制悲情的文艺男，而不是一味苦情的“屌丝”；对节目诉求来说，重复和放大一位学员的苦情定位，是减分动作，并会忽略他和金兰美好情感的浪漫色彩。他不会再用眼泪表达声音。

杨坤队“四进一”，金兰制作的那个“水钻”话筒架，成为他激战的幸运符号。金志文对决关喆，犹如“矮矬穷”PK“高富帅”：形象上，一个平常，一个帅气；唱功上，一个痴狂，一个炫技；气质上，一个草根，一个偶像。和所有心理学揭示的情境一样，旁观者愿意把更多的支持，赋予看上去的“弱者”。

媒体评审团的取舍，还揭示了电视真人秀一个共通的现象：在“好才艺”的砝码之上，“好形象”与“好故事”、“好性情”较量，并没有优势。金志文和张玮，能把自己的真性情推到极致；关喆和多亮，则或多或少蒙着一层自我保护的色彩。

在真人秀的气场里，你愿意给公众分享多少真诚，公众一定会成倍回应给你热忱；若没有将自己打开作煎烤的准备，像王乃恩式的若即若离和梁博那样的淡定平和，也值得尊重。

^ 杨坤哭着和金志文拥抱

可是，金志文在人声鼎沸的上海八万人体育场上继续“弱势”，“小文艺”的装扮在喧嚣的气场里形单影只，仿佛早已灰心丧气。之前，有关他“曾经是杨坤某张专辑制作人”的传闻在坊间传得沸沸扬扬，杨坤为此关闭了微博的评论。回放他们遭遇的那段视频，我们可以发现，杨坤的泪奔，对于北漂的共鸣远远高于他们是否兄弟的深刻。假设他们曾经相识，回眸这个场景更加残酷：同样的才华和打拼，一个台上，一个台下；一个学员，一个导师；一个演唱，一个观赏；一个冲刺，一个判决。

相逢何必曾相识？现实的距离，让没有做好准备的“相认”，比安排好的“相认”，更让人感叹造化弄人。7 米，两位北漂的人生境遇，浓缩在了舞台上的 7 米。还有什么距离更为生猛？还有什么相认更为惨烈？他们相识与否，是口水淹没的人在囧途，也是通向拐点的成功再造。

“巅峰之夜”大结局中，金志文最早出局，但是在“好声音”舞台上的句号，并不是他爱情故事的终点。2012 年 11 月 23 日，“为爱痴狂”一举成名的金志文与金兰举办了婚礼，得到了 350 万网友的关注和祝福。

不知道婚礼上的他们是否当众飙泪，但是屏幕上的故事杠杆，已经撬动了现实中的梦想成真。2013 年 7 月 4 日，他在《酷我真声音》过完了当爸爸后的第一个生日，同时这位编曲高手的“文艺青年”之路正越走越宽。

“我觉得《中国梦想秀》，还有《中国好声音》正在鼓励越来越多的人，不是通过抱怨，不是通过暴力，妄图使自己的命运发生多大改变，而是希望在公平规则之下，通过自己艰苦的努力而改变。我觉得未来中国一定要建立这样一种梦想通道，两者缺一不可。”白岩松在 7 月 18 日的“顶层设计，电视大片”高端论坛上的评说，把电视节目中承载的梦想解读得更加透彻。才艺和情感，故事和梦想，是电视真人秀赋予时代最敏感的神经元。

2 对决的时代

在舞台的显性冲突中，
两个学员在对决；
在舞台的隐性冲突中，
导师的情感在格斗；
在现实的知性冲突中，
受众的理念亦在碰撞。

A 没有高潮的“勇气”：权振东 PK 王乃恩

话筒从空中坠下，对战，在模拟“拳击场”围栏中开场。一首歌由两位学员完成，是合唱，更是搏击，只有桀傲的音色，才能征服对手；只有胜者的手臂，才会被主持人高高举起。

似乎没有谁和谁站在一起，比他们两个更为相似了。

教育背景：权振东毕业于吉林艺术学院，研究生在读兼教师；王乃恩毕业于中央戏剧学院导演系，同时是钢琴高手；

年龄：权振东，1987 年 3 月 30 日出生；王乃恩，1986 年 3 月 26 日出生。相差一岁，生日仅相差 4 天，都属于白羊座。

音乐风格：擅长情歌，兼具原创能力。

选秀经历：都参加过 2010 年的“快乐男声”，权振东还参加过“金钟奖”。

偶像概念：自我。不谈家庭，不说故事，不当微博控。

时尚造型：简洁时尚型，权振东是眼镜、围巾、紧身外套，帽子；王乃恩是帽子、汗衫、紧身裤。

进入模式的对战阶段，四位导师主导的学员互搏，这一组对战将导师刘欢引向决堤的边缘。权振东《人质》PK 王乃恩《慢慢》，在《中国好声音》的擂台上，这一组帅哥对决，比任何综艺节目曾经出现过的场景都更抓眼球，无疑已构成真人秀偶像“对决”的经典。

三宝选择权振东。

未剪辑播出的场景：在乐坛阅人无数的三宝首先评述，一向稳重的他突然哽咽：“权振东啊权振东，为什么都到这个时候了，你还选择了这样一首如此平静的放弃高潮的歌？你打败我了。”

刘欢略微惊诧地看了他一眼，陷入长考。

这位大陆流行音乐顶级制作人继而表示，他们“在内心属于一类都比较自我的歌手”，王乃恩更“阴柔”一些，他个人更喜欢权振东的“力量和粗犷”。三宝强调：“权振东今天选这首歌是很有勇气的，他不用张扬了，到了现在这个位置，完完整整，安安静静，就能体现出他的自信来，通过他自己的演唱，不用大起大落也一样能打动人”。

哈林选择王乃恩。

哈林的这段点评，是一季节目中最感性的一次，洞察力非凡：“刚才王乃恩在副歌前、就是A段，他突然冷笑了一下，让我不寒而栗，让我感觉到一个因为爱情而发狂的人自己一个人自说自话，而且有一些戏剧性，其实我看他是一个比较阴郁的人，最后的副歌整个爆发出来，会让人有一种大解放的感觉，拿掉音乐上的辅助功能，声音上也有一定的舒展，听歌不就是一个爽字吗？我听王乃恩比较爽。”

三宝的“安静制胜论”和哈林的“听歌爽字论”看似未构成短兵相接，其实却是两种音乐文化的终极较量。

其一，技巧之争。这一轮在可供展现的音乐技巧上，权振东的《人质》弱于王乃恩的《慢慢》，是导师们公认的事实。

其二，性情之争。三宝指王乃恩阴柔，喜欢权振东有力量；哈林看重王乃恩演绎中的先抑后扬，爆发和舒展，细腻到一个“冷笑”。

其三，文化之争。三宝将权振东的波澜不兴，定义为“勇气和自信”，以静制动、“无招胜有招”式的逆向思维，同步将王乃恩显示的实力归零；哈林肯定王乃恩突破自我的“大解放”、“爽”，意即与之较量的权振东沉闷，不够“爽”。

当舞台进入对决的程序，音乐却永远没有计量刻度，站在心灵悬崖之边缘，抉择的不仅是学员、导师，更是目击他们的观众。

在舞台的显性冲突中，两个学员在对决，在舞台的隐性冲突中，导师的情感在格斗；在现实的知性冲突中，受众的理念亦在碰撞。

刘欢何去何从？

他和三宝商议良久，在主持人华少的催促下，节目呈现的部分，是这位主考官在痛定思痛后的选择：“他们的表现都没有纰漏，让我找不出任何理由让他们其中一个人离去，所以在这个时候……让我找、找这么一个理由吧，我要稍微大声一点才能让这个理由更成立一点，权振东，你刚才在这样的情况下……权振东，你选择了一首平心静气的歌……”刘欢不断用手敲击着座椅扶手，低头哽咽停顿两秒，泣不成声道："我钦佩你的勇气，继续站在这个台上唱歌吧，权振东。"然后张大嘴仰天呼吸，站起身，背对舞台。

"王乃恩和权振东是考核中最让我心痛的选择。……节目播出时三宝的点评竟然被剪掉了，使得我本来就很艰难的选择丧失了依托。……在王乃恩离开前紧紧拥抱我时，他拍着我的背安慰我'刘老师别哭别哭'，我顿时意识到在以后的行进中我损失了一位可能比权振东更适合比赛的唱将。"节目播出后，针对此起彼伏的黑幕之说，刘欢在接受《北京青年报》独家采访时坦言。

刘欢对权振东的肯定，受到了"参谋"三宝的影响，观众对此并不敏感。

四分钟，两个男声短暂演绎完毕，扔给刘欢和三宝的是内心交战。两位音乐界的大男人心里分别力挺一方，经过激烈的挣扎，刘欢"投降"。

刘欢并非没有主见。三宝力挺郑虹时，他没有接纳；三宝被刘振宇的嗓音惊为天人时，他也没有动心。而恰巧在这一轮，三宝用的理由，正是刘欢自己一贯主张的"有理不在声高"、不"炫技"的信条。他在观念上选择了权振东，却在口味上属意王乃恩。而只有这样的分裂，他才会暴露如此自我诘难的死穴。这位崇尚"公平"的主考官，不愿因一己之好"有失偏颇"，这和他所恪守的教师职业伦理一致。

而回味《人质》的歌词，却更像权振东预埋的谢幕：

"在我心上有力地开一枪，让一切归零在这声巨响，我不挣扎反正我也没差，人质在这一刻得到释放……"曾经在《深圳卫视》"金钟奖"选秀节目当过评委的三宝，目击过权振东不能晋级的遗憾，如何再次面对独孤求败的权振东"有力地开一枪"？

刘欢压下"这一枪"的哭音，成为本轮最为奇特的注脚，"我钦佩你的勇气"——这是40组对决中最为罕见的理由！

不在技术、无关突破，让选歌的心理暗示和评委解读成为最终砝码——

刘欢选择"勇气"。

拂去歌艺，没有高潮的"哀兵"之歌在舞台深处直指人心。《人质》和《慢慢》两首歌的意味，也成为他们舞台命运的生动隐喻：胜者权振东发出

^ 王乃恩和权振东等待刘欢选择

兽性般的嘶吼，向钦佩他“自信和勇气”的两位大师和观众，宣泄出最真实的压抑，成为现实的“人质”；而败者王乃恩却下台安慰他的导师，一位因向他“开枪”而痛心疾首的导师，成为真正“勇气”的强者。

选择，对于一个完美主义者来说，是一把揪心的锥子：不是用一个人把另一个人未来报销，就是用一个念头把另一个念头击碎。

“我多么不希望在说出决定的下一秒，又为自己的选择而后悔。”对战与选择在刘欢眼里是残酷的，而所有的观众都在为这一刻屏息静气。

“主人公在此如何选择可以使我们对他的深层性格——其人性的终极表现有一个最深刻的认识。”——世界电影大师罗伯特·麦基早在《故事》里告诉我们选择的价值，从好莱坞的银幕走进了电视真人秀的语场。

选择没有高潮的歌出战，需要“勇气”；选择有难度的歌“炫技”，更不代表胆怯。翻唱张学友《慢慢》而有自己的癫狂，在王乃恩，何尝不是勇气？

三宝表达了权振东的勇气。王乃恩表达了自己的勇气。刘欢表达了理智战胜感情的勇气。

许子东选择赞美。

同门弟子的竞技与导师选择，在文化学者许子东教授那里，是值得赞赏的教育演习。他对刘欢说：“同室操戈，同门相残，这个听上去我们很残酷，其实这是现实，每一个成才的人，都首先要在你的老师面前做得比你的同学好，你才能够出来，每一个强国都首先要在你周围的小国当中开刀，你才能在地区里头突出。他们的这一环，是表现悲惨事件的最美好的一面。两个人唱同一首歌，互相是敌人，你死我活；其中一个人唱的时候，另外那个人还给他一个镜头，他还要在那里表现开心，事情本身是有它美好的一面的，而我们过去太多强调了它残酷的一面。”

美好和残酷，是真人秀竞技淘汰时最极致展示人性的部分，它不是一宗简单的感官娱乐，在多元的文化和价值观下，投射出不同的人生图景。独自读书或旅行，可以替你回避现实的一部分，而围观电视真人秀，却为你提供审视人性的另一种可能。

权振东成为刘欢组四强，在和其他三位学员演唱《Against all odds》以及个人演绎《拯救》时，未显示出驾驭歌曲高潮部分的张力；但是换位给王乃恩或者李代沫作为“死亡之组”唯一男丁出战，他们是否能做得更好，谁也无法预计。

淘汰了王乃恩和郑虹，又邀请他们参加自己的跨年演唱会，糖果终于分平，刘欢才得以安宁。

B 这一牵手，已有千年：吴莫愁 PK 吉克隽逸

“看到吴莫愁与吉克隽逸在一起，我惊讶地发现，这一幕曾在某本古埃及文明的图册中见过。这一牵手，已有千年。”2012 年 9 月 30 日 23:29，上海媒体人士周捷发出的这条微博，瞬间成为“巅峰之夜”最热微博。

直播尚在进行，谁是“年度好声音”，似乎没有这两位女孩的牵手更加耐人寻味。

吴莫愁 PK 吉克隽逸，两位导师的顶尖爱徒即将产生的分野，不只是一场真人秀的终极对决，更是区分两种新音乐力量与态度的标识。她们对决的开始，在那一晚；她们争夺的未来，已未可穷期。

她们也是相似的——

成长背景：同为艺术类大学。吉克隽逸设计专业已毕业；吴莫愁沈阳音乐学院在读。

家庭背景：单亲家庭，母女相依为命。

舞台表现：自由大胆，热力奔放。

艺术造型：摄影师的菜，时尚界的宠儿。

社会评价：话题女王。

“我挨得住多深的诋毁，就经得住多大的赞美。”范冰冰的这句格言，是冲出负面舆论的宣言，但对于初出茅庐的新生代却完全不构成杀气。

吴莫愁和吉克隽逸，虽然遭遇的非议性质不尽相同，洒脱的态度却很相似。对吴莫愁的争议集中在演唱风格，小妮子我行我素：“我不会改变唱法，我天生就喜欢这样，有人懂，那我就值了；不喜欢，我也不能拿你怎么样。”而吉克隽逸面对的，是来自生活上的起底：漂黑肤色和名牌奢侈品。她的回应也落落大方：“我没觉得有什么可怕的，我没有做错，我为我的努力感到骄傲。”

她们同是被非议的声音宠儿，又是敢做敢当的天才艺人。

她们更是迥异的。从现场、技艺、风格、影响力三个方面来看，可以归纳如下——

现场：突破 VS 保守

展露霸气，在 400 平方米、800 平方米的场地，她们都得到过证实，但是能否 hold 得住八万人体育场的大台，依然让人担心。因为，这不是歌艺的短暂交手，而是个人艺术张力的极端爆发。

“这一牵手，已有千年。”直播进入白热化。吴莫愁的《流星雨》对战吉克隽逸的彝族民歌《不要怕》。吴莫愁以 Soul（灵魂乐）、摇滚唱法继续拖拽自己的尾音，将耳熟能详的浪漫不再演绎成悦耳动听；而穿着民族服饰的吉克隽逸则小心传递着原唱的神韵，充满野性和爆发力的她，似未融入原唱瓦其依合“阿杰鲁”的灵魂之中。

在一个多年难遇的大秀下，两位新人的这一对决，各有缺陷，吴莫愁胜在坚持证明自己的突破，吉克隽逸却在模拟的民歌魂中寻求庇护。

技艺：不羁 VS 无框

同样是歌艺上游刃有余的女孩，在音乐总监李维敏眼里，吉克隽逸是在“唱法上不羁”，而吴莫愁则体现在“声腔上无框”。

第一阶段“盲选”时，她们的第一亮相都是节奏明快的英文歌，吉克隽逸《I Feel Good》，吴莫愁《Price Tag》，粗看都是活力四射的形态，但微观之下，吉克隽逸胜在整体驾驭的气场，吴莫愁长于细节处理的才华，这在导师们的评述中已可以看到。

两位女孩分别进入导师考核时，才开始显山露水，分道扬镳。吉克隽逸唱了《Halo》、《带我到山顶》，继续在擅长的英文歌上发挥，也用《带我到山顶》回应外界对她打民族牌却擅长英文歌的质疑。而吴莫愁拿出了全新诠释的《痒 + 天涯歌女》、《爱是怀疑》两首中文歌，其怪异的声腔吐字，遭遇了汹涌的负面评价，当时有一家网站调查，有近七成网友表示难以接受，吴莫愁成为标新立异的“鬼见愁”。

李维敏认为：“吉克隽逸演绎歌曲自然灵动，游刃有余，有爆发力；而吴莫愁的声腔，我认为她甚至是混合了东北二人转的底子，和她自幼随父母在大篷车巡演的经历有关，初中时她在艺校又开始接触英文歌，所以成就了她土洋结合，真假音卷舌音自由交替，完全无概念的独特处理方式。”

我们大致可以这样解读“不羁”和“无框”的区别：吉克隽逸是在演唱

^ 她们的下一次牵手会在何时?

> 古埃及图册中“牵手图”

规范下的“不羁”味道，吴莫愁则在摧毁常规框架，重建属于自己的自由。

“我们总说每个人都应该坚持走他为自己开辟的道路，不被权威所吓，不受现时的观点所牵制，也不为时尚所迷惑。”歌德的话让我们期冀在她们身上看到：艺术之境的不羁和无框，从独立与自信开始。

风格：混搭 VS 新锐

吉克隽逸的民族风混搭国际风，始于节目组《不要怕 + I Feel Good》对这位彝族妹子的创意定位，而后，她在《带我到山顶》的民歌范式里，也运用了欧美歌曲的演唱感觉；和她在“Summer”之后用“吉克隽逸”这个名字一样，她的气质是现代与传统的交融，黑色皮肤，传统图案的极简主义剪裁的紧身裙、夸张的饰物、开放的热情等诸多元素，构成原色与时髦的交融。

而吴莫愁身上呈现的，不仅是东西元素的混搭，更进行了新的编码。至今，外界并不知道，引起最大争议的《痒 + 天涯歌女》，正是来自导师哈林的创意，当时吴莫愁前后在练两首歌，哈林觉得可以尝试放一起。结果穿越

∧ 吴莫愁一袭白衣唱出一夜枯萎

的歌路、化蛹成蝶的翅膀让刘欢陷入“看不懂”的江湖沼泽，而哈林则坚持“邪派”的摧毁与重建。等到吴莫愁演绎《爱是怀疑》的出位，则终于得到了貌似保守而遵循主流价值的刘欢的肯定。除了让原作者香港著名音乐人陈奂仁大为着迷之外，音乐人崔恕也表示，吴莫愁夸张了中文的发音，让原本单一的音节显得很有弹性。

吴莫愁大胆的诠释迅速得到文化界的偏爱。“她是2012年中国歌坛的尤物，她的别名叫未来。她风靡了舞台，搅动了电视，摧毁了传统的音乐认知程式……她的声音里，有激情有情欲有张力有超越原唱的音色有不可复制的自我，信息量很大，东西方交融，富于创新，难以定性。她还在学习和成长之中，她的身上摇滚着中国新生代无法预知的巨大可能。”这是来自《新周刊》“年度新锐人物”、“年度艺人”两个奖项对她的肯定。

“当你创新，你可能会犯错。最好的方式是承认它，然后继续开展别的创新。”——乔布斯的话，也可以为所有的创新铺路。

影响力：主流VS个性。

“音乐要用心灵去听，用头脑去感觉。”雨果对于音乐的定义，让我们清醒每一种艺术样式最终所归属的意识与象征。

吉克隽逸为80后，吴莫愁是90后，相差4岁，是否构成“两代人”的标签并不重要，她们能否接班华语歌坛，则成为焦点。20年前，我们听到了那英、毛阿敏、韦唯、孙悦；10年前王菲、林忆莲、李玟、张惠妹当道；6年前李宇春、张靓颖、尚雯婕超女鼎盛，蔡依林、孙燕姿也风头强劲；但是，近几年来，华语歌坛女声新生代的缺席已是不争的事实，由一档电视真人秀出手抢滩的华语流行音乐，新人出场的时代到了！

《即刻出发》，吉克隽逸拿出第二支单曲，金牌词作家姚谦携手美国著名音乐人Fingazz共同完成。吉克隽逸用她的独有的气势继续彰显民族与国际融合的范式。

“别人说我疯癫，我说那是巅峰！”——哈林为吴莫愁打造的《我要给你》，拥有强劲的电音节奏和贯穿到底的摇滚精神，师徒两人用奇幻勇敢的音乐态度继续表达90后的新锐主张。

是消费市场还是引领市场？是纳入主流还是标榜个性？

吉克隽逸和吴莫愁正势均力敌地迈向两种路径。当吉克隽逸领衔新人的商业价格的时候，吴莫愁连续获得各大媒介“亚洲新锐热力新人”大奖、“异色之魅”年度魅力人物大奖、《新周刊》的“年度人物”大奖等，成为当下引领个性潮流和文化创新意识的一个符号。

法国社会学家、记者、外交官弗雷德里克·马特尔畅销全球的《主流：谁将打赢全球文化战争》一书中，所定义的“主流文化”是这样的——“主流文化”具有其积极含义，它并非精英文化，是一种“大众文化”，说得消极一些，“主流文化”是经过设计的标准化的“商业文化”。

马特尔将“主流文化”和“商业文化”经脉打通。商业文化并不可耻，主流文化则将精英文化和大众文化的沟壑抹平，后现代主义在文化冲突上表现的消解传统与削平深度，在流行音乐上欧美 Lada GaGa 和亚洲周杰伦都有征兆；在电影上，则从周星驰无厘头荡平华语影业可见端倪；全球书架上，《格调》早已成为中产生活调性的反讽；大陆诗坛，则让赵丽华的“梨花体”一度走俏；网络形态中，“屌丝”逆袭正愈演愈烈；在世界屏幕上，草根才艺亦在引领娱乐风尚……所有抹平权威经典的文化叛逆，让弗里德曼“世界是平的”成为通行的偈语，却未必指向精英与大众的激化与虚无。

吴莫愁和吉克隽逸的牵手与分道扬镳，这一幕正在中国流行乐坛继续。决战绝壁之巅，未来艺术新动力正在披荆斩棘。

她们是时代的选择，没有输赢；她们还将站立多久，时间说话。

3 暴利想象 PK 媒体误读

当我们破解电影《泰囧》的 12 亿票房的佳话时，
没有人因为这个数字而去赞美它的主题与水准；
而对于一个已经广受赞誉的电视大片，
却津津乐道地在落幕之后继续替它数钱。

13个字=1.4亿?

2012年岁末，正在上海音乐厅和团队进行《中国达人秀》录像准备的某副总导演接到了一个陌生电话，对方自报家门后说自己正在北京梅地亚中心“央视2013年黄金资源广告招标”会的现场，要求他确认《舞出我人生》是由他们这个团队加入制作的。

在2013年十大冠名节目中，继央视老牌《星光大道》、《梦想合唱团》后，赫然出现了两个新面孔：《中国好功夫》和《舞出我人生》。更令人意外的是，无模式、无样片的灿星仅仅靠几张A4纸的节目框架，就拿下夏秋两季的央视一套周末时段，冠名费过亿元并双双入驻排行榜前五！

央视一套+灿星制作+舞出我人生，13个字=1亿！

央视一套+灿星制作+中国好功夫，13个字=1.4亿！

13个字意味着“黄金平台时段+金牌制作团队+顶级真人秀”，意味着强强联手重磅出击。

附表：2013年十大冠名节目榜单（含周播、双周播、季播）

电视台	节目名称	冠名价格（单位：元）
央视	《星光大道（超级版）》	3.3999亿
江苏卫视	《非诚勿扰》	3亿
浙江卫视	《中国好声音》	2亿
浙江卫视	《中国梦想秀》	1.7亿
央视	《梦想合唱团》	1.6999亿
央视	《中国好功夫》	1.4199亿
湖南卫视	《快乐大本营》	1.38亿
湖南卫视	《天天向上》	1.18亿
央视	《舞出我人生》	1.0999亿
东方卫视	《中国达人秀》	1亿以上

这正是央视和灿星联手策划的“杰作”。

两个月前，在《中国好声音》连续获得广电总局（合并前）的表扬和收视奇迹后，“盛典之夜”尚未进行，央视和星空传媒的高层已经进入了策动新节目的序幕。两大新节目的招标亮相，标志着央视高调进入制播分离，其对电视产业改革和推动的意义，远远超越了央视作为龙头老大再创新高的158.8134亿元总额。可以说，正是因为《中国好声音》的强势出击，才从侧面启动了央视这个中国最大电视门户，实现了制播分离的“三级跳”。

制播分离，指电视播出平台将节目委托给独立制片人或独立制片公司来制作。广电总局（合并前）在《2006年广播影视制作要点》里指出：“除新闻类、社会访谈类节目外，文艺、体育、科教类节目可逐步实现制播分离，引入市场机制，实行节目的招标采购。”当年，央视二套首先推出了王利芬的《赢在中国》，自己成立项目组招揽广告，并用冠名和植入广告消化成本，可作为央视试水的“一级跳”。

但是各地电视台意兴阑珊，只是在事业单位的牌子边上，挂上了一块企业的牌子。电视节目的顶尖人才和主力部队并未挪窝，节目也限于小成本节目委托制作或购买。2009年，在“全国制播分离改革发展高层论坛”与会代表的一项调查中，课题组采集数据发现，从上世纪末到2008年，《关于认真做好广播电视直播分离改革的意见》出台的近十年时间里，成效甚微，高达96.43%的被调查者认为，第一轮制播分离“雷声大，雨点小”。

2012年国庆节期间，央视一套破天荒地在“新闻联播”的尾声力推国庆节目，包括了央视二套的《小崔说立波秀》。在新闻发布会上，他们再次提出了“这是中央电视台实施制播分离机制的创新尝试”。这十期节目是北京能量制作的，属于“委托制作”或“节目买断”，形态上并未超越“一级跳”，时机上可视为“二级跳”。

而《中国好功夫》、《舞出我人声》这两档出现在央视招标会的大型真人秀节目，直接采取了灿星和浙江卫视的《中国好声音》“投资分成”法：利益和风险共担；按收视率的增幅，制作方还可得到更多的分成回报。这一在金融风投行业流行的模式，达成了央视的“三级跳”！

央视启动制播分离“三级跳”，提速并优化了电视综艺产业化的进程。

如他们和光线传媒合作的《梦想合唱团》(CCTV-1)、《加油少年派》(CCTV-1)、《是真的吗？》(CCTV-2)、《超级减肥王》(CCTV-2)；和唯众传媒合作的《开讲啦》(CCTV-1)、《一起聊聊》(CCTV-1)、《这会儿不上班》(CCTV-2)。

2013 年不仅是模式之年，也是制播分离的大年，而 2013 年中国综艺电视“十大最贵冠名节目”榜单里独揽四席的灿星制作，无疑成为行业先锋。

“央视一套 + 灿星制作 + 中国好功夫”，在它们相加等于 1.4 亿的背后，不是广告商的一时冲动，在这张 A4 纸的“纸上谈兵”背后，依傍着《中国达人秀》和《中国好声音》团队的品牌资产。

从央视招标会上打出的电话，也验证了闻风跟进的广告商，他们比八成打水漂的电视剧投资者更为理性。他们对电视综艺的觉悟在于，不但关注平台，更关注品牌和支撑品牌的团队；中国式的电视平台资源相对化垄断，市场化的他们并不缺钱打广告，缺的是可以捆绑的顶尖节目，去成就巨大号召力和持续影响力。“加多宝”的红色胜利，是 2012 年其他大牌饮料的黯然失色，也是它们在 2013 年的必然转身。

如星空华文传媒首席运营官曹志高所言：“不能单纯看单条广告价格的高低。现在的广告主跟之前已经不一样了，他们不仅会考量节目的到达率和收视率，还更加注重节目的影响力、性价比以及与品牌的吻合度。《中国好声音》传递音乐正能量，是广告主们趋之若鹜更为看重的节目价值所在。”

B 媒体误读的商业逻辑

“一季投入一个亿，产出三个亿的商业模本。”——《三联生活周刊》在《中国好声音》谢幕一个月后，抛出了20页的专题，剖析节目的“掘金术”。

“好声音”的崛起，激活了一些媒体聚焦电视综艺的商业前景，“中国好生意”的评价亦不绝于耳。在百度，若以此为关键词搜索，可见多达60万条的相关信息。不少媒体热衷从商业角度评判节目，以商业思维拷问文化，似乎成为传媒的共同时髦。

当我们破解电影《泰囧》的12亿票房的佳话时，没有人因为这个数字而去赞美它的主题和水准；而对于一个已经广受赞誉的电视大片，却津津乐道地在落幕之后继续替它数钱。

评估一个节目，聚焦的是传播的内容与精神；解剖一个商业案例，才关注它的运营与财务。一个简单的事实是，没有一个以商业动机启动的电视节目，愿意砸下每集千万的天价制作费来豪赌，或以此收割名誉。盈利上的长袖善舞，永远不能为节目的品质加分。聚焦电视大片的技艺与理念，才能触及价值评估的核心。拂去一些媒体的暴利想象与复读，我们与其将灿星推上一个商业奇才的位置，不如静下心来解析他们的创业步履。

① 收益模式

在中国，节目收益多为捆绑广告回报，与其他国家的盈利模式各有差异。拿“The Voice”的各国版本来说，比中国制作阵容更加庞大的《英国之声》500人制作团队，仅靠一个沃达丰的植入式广告以及在苹果公司iTunes中的付费下载两项，就实现了盈利。和英国一样通过单曲下载来获利的还有《美国之声》、《爱尔兰之声》。在荷兰，观众收看《荷兰之声》需要向荷兰之声制播方RTL Nederland电视公司进行付费数据订阅，此项营业额约4300万欧元(相当于3.39亿元人民币)。而在中国，国营的电视播出机构的格局，决定了中国电视（除地方有线频道外）不能以用户付费收看来获得利润。

第一季节目录制前，灿星无偿给了一家公司特许开发苹果公司iTunes客户端；卖给视频网站播放权的费用也仅同于地方台普通综艺节目的成本。对于一个从未见过的新节目，这个价格也已经让人家“狠狠咬牙了”。

节目播出后，各大视频网站仿佛得到了“天上掉下的馅饼”，每数分钟的学员单元播出，都被植入15–45秒网站商业广告。爱奇艺、搜狐、优酷土豆、腾讯、PPTV等各大视频网站整体点击流量均告破亿，超过了所有火爆的剧集以及其他类型视频的播放与下载，《中国好声音》无疑成为2012年视频网站的“福利好声音”。也许，对于一个未能预估影响力却又投入巨大的视频产品，在决定基本价格后，当买方植入广告时，卖方在相应时间段根据点击播出和下载流量再进行价格补偿，对双方似乎更为合理。时过境迁，2012年底，包括第四季《中国达人秀》，搜狐买断灿星旗下的第二季《中国好声音》视频直播，投入一个亿，可谓灿星从第一季后迎来的商业“转椅”。7月12日，首期节目于搜狐视频独家同步播出时，在线收看人数超过215万；48小时内累积3142万用户通过视频观看。第二季《中国好声音》以及四季度上马的《中国好歌曲》等节目均介入APP客户端的运作。

第一季节目播出火爆时，几大院线有意将节目置入影院同步播映，以挽回周末惨淡的票房，灿星在经过综合考虑后，未予接纳；半年后，《我是歌手》的决赛进入万达院线很难说是一项创举，其实只是“坐收”了些许影响力。

② 产业开发

在产业链后续开发上，灿星的分享“手机彩铃下载”计划等待成熟。第一季节目播出时，百度影音和QQ音乐等音乐声频门户端口，全程未受到任何限制享用《中国好声音》所有音频资源，还策划专题提供用户无偿下载；而对于手机用户来说，为自己制作一个无偿铃声的便捷快感，远远胜过了让对方听到某个铃声而有偿使用的需求。是继续扩展影响力还是保障商业专利？第二季“好声音”音频使用归属备受瞩目，7月12日第二季节目开播前48小时宣布，由百度音乐独家赢得星空旗下的“梦想强音”授权。续接第一季的狂热，“梦想强音”与百事可乐的校园推广，以及与中国移动、中国电信等品牌开启演出、下载基地等项目，可谓长袖善舞。

③ 学员资源

以节目制作方的经纪公司签约人气选手，天娱公司（“超女”）、上腾公司（“型秀”）等作为都又不够“作为”。“梦想强音”签约学员，在《对战最强音》节目中首推线下与线上齐发的“市场演出＋电视节目”的模式，有待发轫。当一线歌星“卖唱”举步维艰，学员们的批量巡演，是否能在造势和盈利中取得平衡？而在2013年开启的“百事可乐校园行”演出，进行第二季的预热推广，深度打通了电视节目品牌资源在屏幕之外的演出运营。但是如何开发优质学员的中长线价值？当2007年的“好男儿”乔任梁成为2013年火爆电视剧《陆贞传奇》的男二号，当吉克隽逸新歌贴片遍布音乐消费场所，“好声音”学员的单曲和专辑也在接力投放……怎样为人气学员量身定做全能计划才能催生耀眼巨星？

有消息透露，星空已购得美国知名电视剧集《Glee》版权，将投拍中国版，让“好声音”学员在影视上试手。2013年8月，星空出品的第一部“好声音”电影《就现在》计划开拍，由平安、吴莫愁、张玮、丁丁、李代沫、金池、金志文、赵露等学员，联手演绎青春励志的音乐人生。第一季人气学员的个人专辑也在2013年推出10张左右。

④ 利益评估

部分媒体对第一季“好声音”商业误读还在于，单从利润回报来看，两年前的《中国达人秀》似乎更有资格示范。2010年7月在东方卫视播出的《中国达人秀》总决赛，全国收视率达到5.7的巅峰，节目的直接收益达4亿元；从2011跨年到2012的第三季，全国电视综艺正处于“选秀之死”的疲态，他们成功地将该季《中国达人秀》广告账面提升近5个亿，而其投入成本不到半亿。

因此，单纯评估商业回报和盈利水平的数字，成本超过一亿的第一季《中国好声音》并未超越之前第二、三季的《中国达人秀》。

⑤ 核心诉求

星空传媒下辖的灿星制作，从属控盘50亿的“华人文化产业基金”，在拥有了《舞林大会》、《中国达人秀》的团队后，资金和人才悉数到位，他们更缺的是可以升级展示的平台，重塑他们走出传统体制后的生命力，而不是操练“钱滚钱”的生意游戏。在《中国好声音》第一季打响以后，面对央视两大新节目的制作，团队在扩容之后，是否能够保持一线的水准，去“舞出我人生”，更是进入快速成长期的灿星制作所面临的“中国好功夫”。

对于合作方浙江卫视来说，亦是如此。时任副总监的杜昉曾表示，第一季他们就作了亏损的打算，即便拉进了6000万冠名和原时段广告营收勉强打平，但未对高收视抱有希望，希冀第二、三季进入佳境。这也几乎是所有优秀模式节目的规律。浙江广电高层敢于拍板的魄力，不仅体现在成功地将走下坡路的看家宝《我爱记歌词》转入二线，更在于吸纳上海电视资源、提升本土电视力量的危机意识和平台韬略。

是时候拂去商业嗅觉和利益赞美了。电视真人秀并非是纯粹的商品，再高的投入与回报，都改变不了其固有的文化属性。

第二季节目尚未开播，广告账面和衍生产品营收估值已超16亿，是去年的五倍。若与热门电影比较，这个数据相当于5.37亿票房的《中国合伙人》之三倍。而去年以来急于为3亿编排“好生意”的十多家媒体，在真正的“暴利”即将到来之际，却没有一家作出预判，或“碎碎念”第二遍生意经了。

4 电视的存在主义

在电视货架上，

正在出售的琳琅满目或泪流满面，

哪怕过多的“中国梦”拥挤，

变局之中的荧屏，

是否在为阿甘剥开下一颗巧克力？

A 全媒体时代的电视复兴

2012岁末，一位短信运营商的代表坐在上海久事大厦的34层星空传媒的会议室内，他在浙江卫视跨年节目方案会的间隙，和灿星制作确认短信互动的方案，他抛给与会者一个数据是，2005年的“超女”决赛，短信做到了1000万元，运营商拿走了两成，剩余为湖南卫视、天娱以及掌上灵通三方分配。

面对“好声音”的跨年晚会，久违的短信运营商，只能在元旦前夕嗅到一丝商机，曾经的刷票黑洞让广电总局（合并前）全面叫停这一方式，唯跨年晚会呈短暂“利好”。2012年的电视几乎和短信无缘，但我们依然无法忘记，始于七年前的电视和新媒体之轰轰烈烈的初恋。

但是七年间，新媒体的发展远远快于电视综艺的变脸。“新媒体”成为资讯界出现最频繁的名词，数字化是它的骨骼，互联网、手机媒体、移动电视、电子报纸是它的神经，发展与创新是它的个性。带着对传统媒体的天生叛逆，新媒体峥嵘之时，被读解成电视衰败之日。

《中国新闻周刊》在2012年3月发布名为“抛弃电视”的专题，预言中国电视业态的寒冬——“电视的地位正在变化。虽然它仍被摆放在客厅中央，但它已经不再是荣耀的家庭核心，已经沦为某种‘伴随媒介’，至多，只是一块大屏幕显示器。电视中播放的内容正在被观众抛弃。”

业内外更看好电脑、手机这两块屏幕上提供的内容，也许不乏理由，但是将新媒体当作传统媒体掘墓者的决然，却被电视转椅的八面玲珑轻易击败。当新浪2012十大传媒事件评选将“《中国好声音》创造收视奇迹”位列榜首，当《新周刊》以“它制造了2012年中国歌坛和中国电视的最大惊喜，点燃了下半年的中国夜晚”的评语为一个电视节目喝彩，当东方卫视打造的《声动亚洲》，作为唯一入选的电视节目获得由《南方都市报》举办的“2012中国营销盛典”的“年度卓越创新力奖”，宣告全媒体时代的新老媒体兼容与共赢，电视大片“王者归来”尘埃落定。

“新媒体已经成为推进中国社会成长的新力量”——2012年10月，社科文献出版社发布的《新媒体蓝皮书：中国新媒体发展报告（2012）》作为国家级媒体首次为“新媒体”正言，并发布，截至2012年6月底，中国微博用户数量达2.74亿。而在新浪2013年2月公布，截至2012年12月，其微博注册用户数为5.03亿，每天活跃用户近1/10。在“中国电视媒体覆盖传播力调研成果”新闻发布会上传出，全国有线电视数字用户已突破1亿，有线电视数字化程度达62%。

第一季《中国好声音》在新媒体的成绩单是：在播出的一个月里，各大视频网站的节目点击总量破14亿，成为赶超电视剧的新贵；自媒体方面，仅新浪微博用户转发贴评论就达到六千多万人次；湖南卫视跨年晚会一晚的短信互动也达到1400余万次；《我是歌手》节目1月底一经开播，便进入微博话题传播，似乎正在复制“好声音”的传播路径，电视综艺节目得益于全媒体多方位的渗透与传播有目共睹。

《中国好声音》每期各视频网站播放量（万）

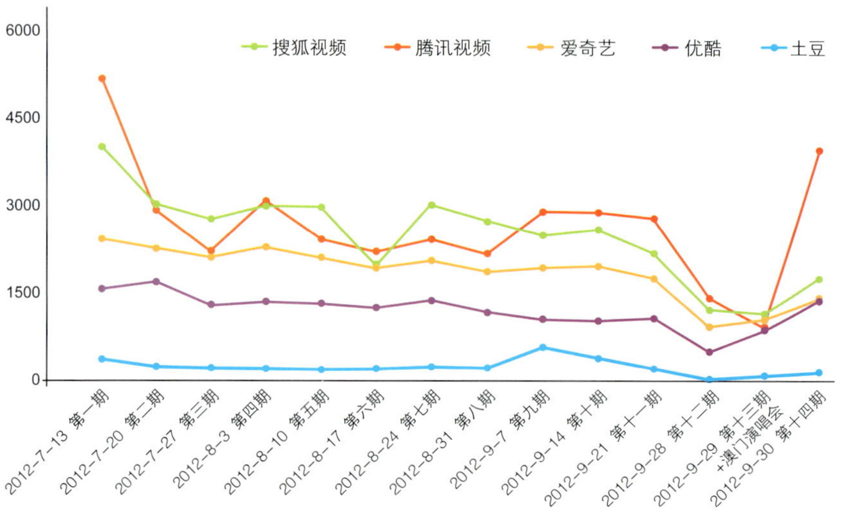

这样的局面，印证了黎瑞刚的先见之明。2008年，他对《新周刊》的谈话中就早已评估了新媒体对于传统电视的影响不是“此消彼长”，他谈到：

“人家都说，互联网、IPTV 会取代电视，但这并不是一个取代关系，只是不断地丰富人们接收媒体的方式。原来我看电视只能坐在那儿看，7 点正看《新闻联播》，现在我走着也能看，通过手机看，9 点钟通过 IPTV 也能看。所以，人类消费媒体的方式丰富化了，把这个市场做大了。而问题的关键是传统的运营机构在媒体丰富化的过程中，能不能抓住这些新技术的机遇来一起革命。”

但是这样的革命，是在等了四年后《中国好声音》的出现，让势头强劲的新媒体心悦诚服。从节目收视率和视频点击的成长图形中，每期节目都几乎有 30% 左右的幅度递增，即使在落幕后长达半年，在百度搜索引擎下，只要键入“ZH”两个字母，下拉框首选即为“中国好声音”。这就意味着，它已取代了“中国银行”、“中国移动”等千亿级商户，一跃成为了“中国”搜索新者。

巨大的影响力，滚动着泪水和口水、感动和质疑，在新媒体传播路径上一路繁花。质疑的前期集中在：竞争的同行喊冤、歌者被爆“挖角”、网友起底不少学员的故事失真，但随着节目的进程很快被更丰满的信息与真相消解。争论的后期则聚焦在学员的命运与导师的选择，并上升为规则公平、音乐趣味与文化观念，却依然在新媒体的载体中聚合发酵、消解探究之中。

微博热议与节目播出的时间峰值图

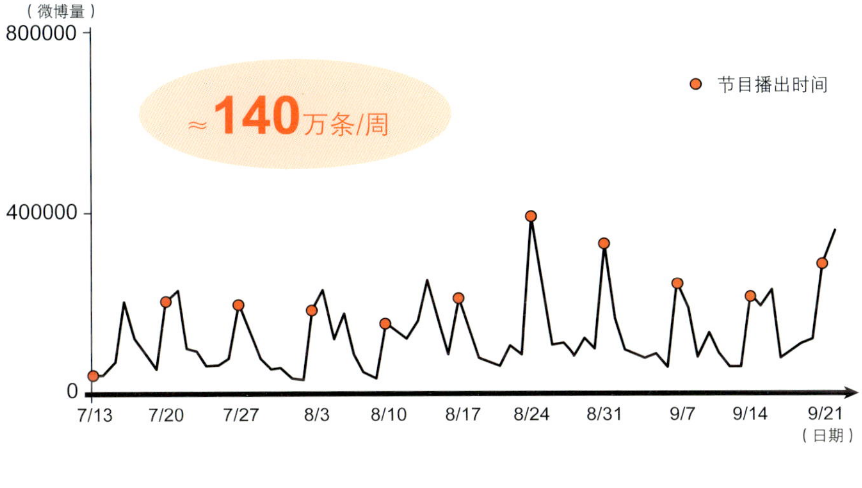

从精英媒体到大众媒体再到自媒体的发展沿革，不难看到，新媒体对于电视的拥抱，体现了“即时性和互动性”高度黏合，对于“真声音”的探讨最终替代了八卦话题炒作；“让声音成为节目唯一的主角”，也是这一走红世界各地的节目版权方的核心理念在中国的实现。

全媒体盛宴之中，没有一双筷子绕道而行。各种渠道各种意见发散，而导师、学员、观众、媒体之间既保持味觉挑剔，又以音乐的名义下箸如飞。

刘欢曾对吴莫愁一曲《痒 + 天涯歌女》的混搭版当场表示“听不懂”，立即迎来观众网络热议，《新周刊》执行总编封新城则在微博表示：“刘欢是观念的选择，哈林是音乐的选择。我为我们这一代习以为常的、却不自知的——‘以观念度人’的对世界的审视而感到深深的悲哀。”其观点表达了文化圈对吴莫愁融合中西、颠覆正统的演绎方式的赞赏，而另一部分传统音乐的捍卫者与普通观众直至曲终人散依然无法认同。但是导师刘欢并没有固化“观念”，一周后，他在评判吴莫愁所唱的《爱是怀疑》时说：“这次我听明白了，语言如何弥合音乐的缝隙是值得研究的一个课题。”

乐评人王小峰在《三联生活周刊》上批评节目“说的比唱的好听”，“一个电视娱乐节目瞬间变成拯救流行音乐的救命稻草，但事实证明是失败的”，揶揄“好声音”是“组队 K 歌”。但是此语一出，即遭网友反讽：“其实我觉得他正好说出了‘好声音’节目的最大优点——如果大家都不 K 歌了，那这个市场才真的没救了！”

是的，学员胜出与否已不再重要，评价者的身份与资历亦无关功利，音乐的格局在升华，当下多个层面文化意识的自省与博弈，正在打通芸芸众生的感知系统与审美壁垒，像《巴黎圣母院》哥特式教堂里发生的艾丝美拉达和卡西莫多的爱情不可思议，却又灵魂诗意。吉克隽逸或吴莫愁，《为爱痴狂》或《冬天来了》，总有遗传音符策马扬鞭前来觐见你的城堡，它裹挟着全媒体介质奔涌而来，让你的咽喉发干或耳朵缠绵，让记忆继续搅拌，让 50 后到 90 后的受众在全媒体的时代广场唾沫飞溅，或举杯共饮。

“过去很多音乐节目混淆了音乐的标准，靠毒舌评委，靠绯闻炒作，靠博眼球、博出位、审丑，我们坚持把音乐作为标准，也是四位明星导师愿意加入我们节目的原因，不能靠旁门左道来占据荧屏。”田明始终没有把

《中国好声音》当作选秀节目，而更坚持这是一场“真声音、高品质、正能量”的宣言。中国传媒大学胡智锋教授更在意电视久违了的“真诚”，他谈到：中国电视综艺节目往往陷入以“宏大场面、炫目舞美甚至费尽心机的绯闻炒作”拼收视率的怪圈，却忽视了给观众最好的品质和内容，“《中国好声音》为何能在极短的时间里爆红？正是因为它的真诚击中了中国电视娱乐的软肋”。

2013 年，互联网、通信网和电视网的三网融合的脚步在加快，信息产业、内容产业，乃至终端产业发展将面临产业分化与整合，电视大片已当仁不让地成为“内容产业”的新血主力。国家新闻出版广电总局《中国广播电影电视发展报告（2013）》中的数据表明：2012 年全国共生产制作广播节目 718.82 万小时，电视节目 343.63 万小时。截至 2013 年 5 月 23 日，全国直播卫星户“户通用户”突破 900 万户。广播电视总收入（含财政补助收入）首次突破 3000 亿元，达到 3268.79 亿元，同比增幅达 20.29%。

由《中国达人秀》、《中国好声音》启动的电视大片潮流正在复兴中国电视，它们在传统媒体与新媒体之间左右逢源，为 WEB2.0 的受众提供更大的话语空间和共享方式。在全媒体时代的狂热分贝之中，它带着娱乐异象前行，也拖着思考的镣铐起舞。

B 文化自觉与电视表达

此刻，回放2012年的1月1日意味深长。在广电总局（合并前）“限娱令”实施的同一天，美国《纽约时报》大幅报道了江苏卫视《非诚勿扰》，标题是:《真实还是下流——中国的电视真人秀》，对处于风口浪尖的中国最火爆的真人秀相亲节目进行了全景式的观察报道。一个来自中国官方，一个出自美国媒体，在同一时间，对泛娱乐下的中国综艺电视双双发出红牌警告。

应当看到，当电视不断经历着被传统和经典文化批判甚至鄙视，它所展示的“世界”并不是平的。矫情或坦诚，虚荣或信守，由差异的价值观对荧屏所实施文化态度与信号，其影响力远远超越了收视率所占有的电视用户数量；它所聚焦的效应，甚至是当下中国导向世界文化的语言和版图。

2012年，第84届奥斯卡向一部默片《艺术家》致敬，它的编剧和导演迈克尔·哈扎纳维希乌斯说：我们不要关注“说什么”，而是表达什么。

^ 2013年3月，达人卓君、潘成豪、张艾青在美国演出途中下车习舞

在中国电视喋喋不休的语场里，当电视剧正轮番上演妇人之见的家庭伦理和宫廷古装的面面相觑，相亲综艺性情踩线，模式大片酣战飚戏……电视在说话，电视在歌唱，电视在传播——

但是，它在表达什么？

全媒体助推下的电视传媒，是波兹曼没有遭遇的数字尖峰时代，也许正因为如此，他在上世纪 80 年代《娱乐至死》中对于电视的绝望，才显得不那么危言耸听："如果一个民族分心于繁杂琐事，如果文化生活被重新定义为娱乐的周而复始，如果严肃的公众对话变成了幼稚的婴儿语言，总之人民蜕化为被动的受众，而一切公共事务形同杂耍，那么这个民族就会发现自己危在旦夕，文化灭亡的命运就在劫难逃。"事实上，无论中西文明和文化的差异有多大，电视在自身的发展中不断凸显着两极悖论，如何在物质欲望的框架里找寻文明失落的尴尬？又如何在精神教义的彼岸中修复影像需求的平衡？

在综艺传播的画廊里，李宇春、周笔畅、张靓颖、尚雯婕等"超女"是

^ 2013 年 3 月，作者在纽约林肯中心门口《中国达人秀》宣传栏前

为年轻观众打造的娱乐偶像，当她们亮相央视是被当作选秀“招安”七年止痒的话题，而平安等三位草根选秀歌手，却可在半年内高调亮相央视蛇年春晚；当常石磊为东方卫视《声动亚洲》见证音乐的创意品质，《我是歌手》已让几经沉浮的老牌歌手黄绮珊震撼惊艳。这样的摩肩接踵，终止了电视的冬眠，让中国百姓手里的电视遥控器，重掌客厅的光阴；但是在电视货架上，正在出售的琳琅满目或泪流满面，哪怕过多的“中国梦”拥挤，变局之中的荧屏，是否在为阿甘剥开下一颗巧克力？

竞赛的收视率不是衡量电视的唯一标准，学习与模仿的辉煌亦非电视人的终极荣耀，什么才是真正意义上的电视大片还有待于思考。26 个机位、12 小时的录像、1000 分钟素材带、500 人的工作团队、80 万元一把椅子、900 万元一集录制成本、116 万元的 15 秒广告售价、10 亿元资金对《中国好声音》第二季的推崇……发生在《中国好声音》的这些数字让人惊叹。同样，我们在 2012 年东方卫视新推出的《梦立方》、《顶级厨师》两大引进版权的真人秀里，也享受到了国际一流的视听水准。但是，这些模式的伦理价值和技术美感还不足以支撑一个电视大片的格局，财力 + 能力的等式、原版 + 本土的配方，也未必是闪耀电视理想光辉的钥匙。历经体制内外熏陶的上海的电视团队，他们追赶上了时代，却依然缺乏自主的独门绝技；他们不是“山寨”的电视匠人，却又是最顶级的“加盟连锁”。

电视负载的文化意义，已让电视人以精品意识启动制作升级，从央视到各地的综艺节目品相都在变化，竞相复制的粗糙娱乐，转换成了视听技艺的自觉追赶。如央视《春晚直通车》节目，节奏和流程控制虽然还较为传统，但其声光舞美的配置已升级换代；2013 年上半年，《我是歌手》是继第四季《中国达人秀》后唯一冲击收视率过“2”点的大型真人秀。《中国梦之声》渐入佳境，占据在 1.5 之上，而《中国最强音》首度对接模式，虽然在使用大牌评委上不遗余力，但在解读原版、摸透技术上尚有空间。

财力和人力不是障碍，电视大片在“人性”和“技术品质”两个端口的追求极致，是对中国电视整个行业水准提升的自觉，电视文化产业抱团升级，将诞生更多叫好亦叫座的电视大片，同时为近年来上亿规模的国产“电影大片”、舞台巨制的奢靡之风，提供了新的参照，启动了文化产业革命的新能量：一方面，它为电视表述中的中国文化自觉显示了更多元的人文色彩；另一方面，本土文化的自主品质在转型趋势中的诉求，也得到了更多的启迪。

2013 年 3 月 31 日晚（美国当地时间）纽约林肯中心，进行了《中国达人秀》和《声动亚洲》的联合演出。中国小达人张艾青和潘成豪的飙舞节目，赢得了中美观众最热烈的掌声。张艾青酷似美国童星秀兰邓波尔，潘成豪曾被称为最优秀的迈克杰克逊儿童模仿者，两位 11 岁的中国孩子，完成了 ·场短暂的中西文化互文，因为，他们不是简单意义的模仿者，而是通过自己的表达告诉时代，世界流行文化的经典，是中国真人秀的兼容并蓄并可再输出的语言。这样的语言是无需翻译的普世文化。

第 40 届全美音乐奖颁奖礼，整个世界流行音乐顿足提气。韩国“鸟叔”《江南 style》压轴登场的视频，被网友纷纷转发，可是他们是否却忽略了 2 分 30 秒后黑场？美国说唱鼻祖 MC Hammer 此刻切入的意味，才是真正高潮的到来。主持人清晰地在画外宣布：“It's Hammer times!”（汉默时间到了！）汉默久违了的《Too legit to quit》混编入了《江南 style》后半段，全球最有影响力的“亚洲音乐”和“网络神曲”瞬间混搭成了美版“style”！在最后定格 Pose 里，两批舞者横躺在地，“鸟叔”呈俯冲状，而他的偶像、高大的汉默则随性地站在后面，双双谢幕。

很难忘记，画面中闪过一位韩国男性观众的特写，他在兴奋后失落的嘴型。

这样的失落，是否定格了更多韩国歌迷的心？定格了韩国流行音乐加冕世界未遂之心？

因为，那不是韩国的表达。

音乐发烧友会对两首曲目的混编技术惊叹，Hiphop 狂热者会对骑马舞和汉默的“锤式”步伐癫狂，而我更关注 1991 年在汉默嘴里诞生“Too legit to quit” 对“欲罢不能”的反讽之意，以及他在这个场合对《江南 style》代入的“屌丝”逆袭，音乐旋律与歌词寓意的一脉相承的混搭穿越，完成了美国封印的强势文化给予韩国文化的一次礼遇。

即便是礼遇之后的失落，民族文化与世界文化的互文，韩国流行音乐已然冲出亚洲，比北京奥运会猛烈、比孔子学院廉价。而当我们的作家莫言出现在了诺贝尔文学奖的领奖台上，他用汉字印证了对拉美魔幻现实主义交

^ 2012年9月30日下午，田明、金磊在第一季《中国好声音》颁奖盛典彩排现场

媾后更浓烈的中国生命，终于获得了世界文学的最高致敬。在这个意义上延伸，《中国好声音》是和已被40多个国家购买版权的荷兰《The Voice》，以及欧美版的一场电视“互文”，它们正在世界语境里追寻东西文化的升级代码。

这也是《中国好声音》和《我是歌手》抛开歌手与竞技规则的表面后，难以比肩的原因；而湖南卫视在用这档韩国综艺热身后推出的《中国最强音》（《X Factor》模式），原本是真人秀2.0时代的较量的开始，无奈未如预期。

“我站起身，准备说出口。然而在站起的一瞬间，我竟失去了语言。”村上春树在上世纪《电视人》的结语，表达了生存被电视侵犯的失语。你可以解读这是电视的成就，也可以视作强加给受众的终极陌路。

电视的存在，归根结底是在表达文化，表达态度，表达记忆与未来、民族与世界。电视人的实践，是否更多地为未来中国文化打开视野，在内容和技术上走向自主原创与全球电视创新的前沿，我们拭目以待。

打开屏幕，有一种被框架了的时空正在和你双向穿梭，这是电视的存在主义，一场你情我愿的共谋。

尾　声

MOMO：一个人的生活

这就是他们要的中国 Lady GaGa，

可以在前卫中疯魔，

也可以一夕白裙一夜枯萎。

“你的父亲现在哪里？他还唱歌吗？”

“他在天上呢，他现在不唱啦……”

总导演金磊决定剪去“他在天上”五个字。之前，他已对着这一段对白看了12遍。现场没有继续开展这个话题，这五个字会让观众陷入似是而非的故事“盲区”；而有了徐海星“丧父之痛”惹来的非议，导演组都不希望这样的亲情缺失，让一些偏激的观众再度坠入“情感炒作”的黑洞里。

“所有故事结局的关键就是给予观众他们想要的东西，但不是通过他们所期望的方式给予。”美国大编剧威廉·戈德曼如是说。

这里的主角是MOMO吴莫愁。手臂上带着父亲光头的文身，插着一对飞舞的蝴蝶小翅膀，无人触碰。

两个月后，“巅峰之夜”下午彩排。一首首歌和舞群联排，和灯光音效过堂，舞台装置的各个角落在发出声响，来往的工人、制片、舞者、导演话音、音乐此起彼伏……这是户外体育场演唱会最常见的场景。

一段生僻的钢琴旋律忽然出现，一串凋零的音符就像第一片从夏空飘进秋季的叶子，空灵惆怅。敲钉子的小工突然停住了手，搬箱子的人马悄悄止住了脚步，制片停止了对话，大屏幕暂停了闪动——

叶子在窗外轻轻摇动，

人行道没有行人走过……

人们驻足凝望：台上的人是谁？是吴莫愁。安静的吴莫愁，抒情的吴莫愁，在音乐中哭号却没有泪水的吴莫愁。她把孤单唱成较劲，把落寞唱成不屈，把一首并不流传很广的《一个人的生活》的每一处情绪刺绣成最伤痛的花瓣，让声音为每一个字节生长成独自风干的叶子。

全场寂静无声，暗潮涌动。站在台口的导师哈林，一脸肃穆。

一首歌让彩排现场自发地停止运作，这样的屏息静听，是现场所有人第一次经历。心悸的瞬间，八万人体育场的下午仿佛被摄住了魂魄。

键盘手的手指抑制颤栗，队长王笑冬按住贝斯放慢心跳，摇滚乐队曾经的激烈正在漫天凋谢，狂飙已久的六个大老爷们思绪刹那停摆。

镜子里的我很不像我，

自从你离开了我变得很软弱……

导演宋静暗自祈祷，她唯一的希望是在晚上直播时，这首放在最后位置的歌，这首2分46秒的片段，这首在她歌单里出现三次却没有机会唱的歌，能够等到它的主人——小魔女MOMO。两个小时后，在上场前的一刻，她在学员化妆间的门口，看到在另一头导师休息室门口哈林两次试图过来。只几秒钟，在簇拥中站立的文艺青年宋静，已在步履的尽头阅尽了无可名状的艰难，稍纵即逝的目光在人头攒动的走廊里隐没——

你的影子在每一个角落，

好像是在提醒着我，

少了你的陪伴我现在有多寂寞……

音乐总监的耳朵渴望听见在编曲中加入的鼓音，他要的《一个人的生活》不是浪漫，而是属于这个女孩任性的力量。

没有人想到，一位叫莫愁的女孩，正在如此违背常规，在隐约的进行曲节奏里，苦涩的声张、撕裂的控诉，同步重构，居然把熟女“有多寂寞——”之爱情软弱，演变成追忆父爱之铿锵自立。

我想我可以习惯一个人生活

我想我可以假装不曾爱过

冰凉的夜里让眼泪温热我……

直播音频总控室，在双手摸着推杆设备的音频总控阿三身边，金磊双眼不眨地紧盯监视屏幕，双手却微微打起了拍子。这位总导演并不知道，两个月后，自己在某一天微醉之时，依然为这种骄傲的呻吟泪如雨下……

^ 吴莫愁：一个人的生活

∧ 第一季《中国好声音》盛典之夜，金磊（中）在音频总控间

我想我可以习惯一个人生活

在记忆里面擦去你的承诺

爱情是个梦而我睡过头……

后台的副总导演沈宁和达达也许在想，这就是他们要的中国 Lady GaGa，可以在前卫中疯魔，也可以一夕白裙一夜枯萎。

我想我可以习惯一个人生活……

执掌导播的副总导演章骊不忍心一次次把镜头切向这张几近崩溃的特写：哈林 10 秒钟内哭到面目扭曲，全然不顾这是一个正在直播的盛典嘉年华，他是她的导师，他的弟子正在冲刺“年度好声音”的绝唱。他全然不顾地把自己按在椅子上心碎不已。

2 分 46 秒，让哈林伸出灵魂的三个 Rock 手指紧握。一周前，他无意中得知，教会这位女孩唱歌的光头父亲已经离世，这位导师回想自己一次次的嘻哈对撞，如何就错过了吴莫愁最初的“他在天上呢”这五个字？收队完毕时，他甚至并没有记住这位女孩的长相、学历、家世。只记得她的“鸭嗓”在英文快歌中凌波飞步，鬼斧神工。

流浪、演出、快乐、撕裂、光头、文身……此刻，他能否让她重握音乐大篷车的方向盘？他能否拒绝听懂如此揪心蚀骨的“一个人的生活”？！

回想第一次听到金磊提到吴莫愁的名字，是在我给他浇一盆冷水之后。“如果不了解这个团队，我想写的一篇报道，题目叫做——十六强一张脸。”我说。

“为什么？！”他倒吸一口冷气。

“你不觉得他们很相似啊，比如，都曾经唱过歌，没红；我们让他们东山再起，就是说，别人包装失败了，《中国好声音》打捞起来回炉。我知道，在国外有很多成功的范本。”

他说，我们还有吴莫愁，还有某某、某某某……

“《中国好声音》的最大魅力是更纯粹地通过四个导师建立起音乐信仰的传播，当标准被模糊、审美被误导、业界处于危机和不安定感时，音乐最有力量可以推到极致，这可能是很多年缺失的一种希望。年轻的声音是我们的希望。”

要么天真，要么感伤；要么惊魂，要么炽热。

“如果你把两张不同人脸的照片放在一起，你的眼睛立刻能感觉到他俩的不同。可是如果你把220张人脸摆在一起，你突然会觉得这些都是同一张脸的许多变形，而根本不曾存在过所谓的个体。”米兰·昆德拉在《不朽》中用女主人公阿格尼丝的手翻开杂志说。

可以澎湃，却不能止痛。他们正在寻觅一张一张不能复制的脸。

转播车上，田明看着屏幕上抱着吉他的梁博出现，看着他在《我爱你中国》中昂扬激情，这是一个让“一个人的生活”一次次放大、一次次聚焦的电视真人秀，两种沸腾，奔流不止。

直播前，他对团队说：你们已经创造了历史。

这一夜，我又打开电脑，重温了为巅峰之夜撰写的颁奖词……

> 作者在“好声音”颁奖盛典现场

附　录

《中国好声音巅峰之夜颁奖词》

魅力的光芒 ——李代沫　王韵壹

有一种声音逆风而行，有一种歌唱时光穿越。

拒绝阳光下的炽热，告别灯光中的耀眼，他们在旋律的底片上，快乐地曝光。犹如一束冲破黎明的光，他们永远上扬的嘴角，印证着时代的锋芒。

活力的激荡 ——张玮　丁丁

张扬，是他们的标志；奔放，是他们的气场。

他们的出现，让眼光尖叫，让椅子跳舞，让世界沸腾，让每一个耳朵都被唤醒：活力，是声音的燃烧；激情，是中国的心跳！

心灵的歌者 ——王乃恩　张玉霞

通往耳朵的路途，很短；打开心扉的旅程，很长。

她在夜空捕捉星星的翅膀；他在城堡，寻觅自由的翱翔。听，他们用音符诉说东方故事，无须泪水；看，他们用声线抵达心灵彼岸，唯有真情。

^ “巅峰之夜”四大导师及其四大门生

天籁的回响 ——平安 郑虹

他，空谷绝响，激情四溢；她，琴瑟幽鸣，百转千回。

两个音域世界，征服一个天籁传奇。水墨丹青，凤鸣鹤唳，他们用最独特的声明，洗尽风花雪月； 巅峰跋涉，惊涛拍岸， 他们用最不羁的回响，拥抱沧海桑田。

梦想的力量 ——多亮 魏语诺

有过放弃，才会等待；有过伤痛，才能出发。

同一个舞台，丈量他们不同的音阶；同一个话筒，传递他们共同的渴望。是撕裂后的温暖，是冰封后的爆发，总有一种力量无怨无悔，它们的名字，叫梦想。

实力的绽放 ——权振东 金池

记住他们深情的面容，收藏他们骄傲的背影，有一种颤音，只为生命的长河驻足吟唱。

冷暖人间，咫尺天涯。当音乐放飞了信仰，当歌唱收割了希望，他们用热爱，绽放了中国。